# 核災下的首相告白

東電福島原発事故　総理大臣として考えたこと

KAN
NAOTO
菅直人

# 目次

## 第一章 回想——凝視深淵的日子

## 第二章 廢核與卸任

## 第三章 廢核下的政治與公民

# 核災十年後，我們何去何從？

陳弘美

核電是唯一對準自己國民的核武。福島核災下，日本經歷了幾乎亡國的危機。

日本核電屬於國策，所以核電相關的重要決定權在於首相。核災發生時，前首相菅直人身為最高指揮，在官邸緊急對策室裡卻是處於無前例可循、無資訊可信的狀態，而失控的反應爐更以秒速持續惡化。本書呈現了數起生死關鍵，例如全球在電視上看到的「廠房爆炸」「直升機灑水」「首相親赴核電廠」，以及我們看不到的「灌注海水的真相」「敢死隊入廠排氣降壓」（電影《福島50英雄Fukushima 50》的主題）等，前首相以當事人角度親述核災驚心動魄的內幕真相，內容完全基於政府事故調查委員會證實的事實。

雖然各國的核電廠都設有重大事故（severe accident）下的對策準則，但都只是紙上談兵。天災會破壞核電廠的哪項設備？災情之下，人性會如何反應並影響各自崗位的職責？即使ＡＩ也無法推算。對此，本書為每一座核電擁有國，提供了重要數據和啟示。

我長年居住東京，回想十年前三一一大地震後，日本全國將注意集中在電視上的大海嘯，唯有少數懂核電的人已經聯想到斷電後無法供水冷卻反應爐的恐怖。這十年來，讀者能安心地在東京旅遊，可知道東京曾經差點成為核災重災區嗎？能夠幸免於此，是誰的力量？

核災當下，最驚險的除了二號機燃料棒熔毀，可能導致圍阻體爆炸，另一個不太為人所知的是四號機燃料池內浸泡一三三一支使用過的燃料棒，若無法冷卻，也會熔毀、爆炸。專家告訴前首相，屆時二五〇公里內包括東京、橫濱等都會區，總計五千萬人將需要避難。當時菅首相已憂心國民將如何疏散避難，包括他八十九歲的老母親——這是他私下向我吐露的。

而日本免於滅國的命運，是靠誰的力量？

災後，歐巴馬總統派遣美國核能管理委員會（Nuclear Regulatory Commissioner）會長格雷戈里．賈茨科（Gregory Jaczko，我在二〇一五年曾邀請他來台灣）前往福島協助和調查。當他了解核災真相之後，他的結論是：

「我過去認為人類、科學可以控制核災，現在知道那是無知的信心。」世界核能的權威也自此反核。看了此書的讀者，想必也會有同感，燃料池和二號機沒有爆炸，若不是靠天、靠運，那是靠什麼呢？

而為什麼人無法控制核災，還硬要冒險？核電真的便宜到需要國民賭命嗎？

核災發生後，日本媒體和東京電力公司刻意將失敗全推給最高指揮者——首相。當時我和菅首相既還不是朋友，也不是他所屬較左傾的民主黨的支持者，但是以正常的判斷都覺得那不合理、有蹊蹺。之後，我因為著寫《日本311默示：瓦礫堆裡最寶貝的紀念》一書，進行採訪研究，方知核電巨大的利益構造，官、政、商、學、媒的鐵五角稱為「核能村」。災前，東電一年有五〇〇億日圓的宣傳廣告費，所以對核電不利的聲音不會上媒體。讀者若了解自己國家的核電利益構造之大，就會知道為什麼核電利益者會不惜賭上全國人民的性命。

我原以為台灣會記取福島的教訓，改善核安，沒想到災後看到台灣的報導盡是「福島核災和地震無關」「台灣有『斷然處置程序』，不會有核災」等足以滅國的謊言。於是我在二〇一三年邀請菅直人前首相來台灣四天，並在自由廣場上親口告訴民眾核災的事實（相關影片皆可自行查詢YouTube），又在二〇一六年為了推動能源轉型，我再度邀請菅首相來台闡述電業自由化及綠電發展。

日本政府粉飾太平，例如將東奧稱為「福島復興奧運」，但事實是仍有五萬人無法回歸被輻射汙染的鄉土；災區產品外銷被拒；二〇二〇年決定排放輻射汙水入海；核廢料的最終處理根本束手無策……不勝枚舉的難題，顯見核電的代價是無價的，而這也是全球朝向再生永續能源的原因。

（本文作者為旅日作家）

# 身為首相，我想說的事

我的首相任期自二〇一〇年六月八日起，至二〇一一年九月二日止，總共四五二天。任期中最重大的事件，毋庸置疑，就是三一一大地震與東京電力公司的福島核電廠事故了。我一卸任，就認為自己身為遭遇這起核電廠事故的首相，必須以某種形式留下紀錄。

卸任後過了一年，「政府事故調查委員會」等各種報告紛紛出爐，因此我想趁著記憶尚未模糊時，執筆寫下這段經歷。

就我而言，我想要盡可能揭露自己所知的事實。而且不單單只是呈現事實，更希望回溯當時的情況，進而說明自己身為首相，在核電廠事故的風暴中是如何思考、如何做出決斷，又是以什麼樣的心情採取行動。

政治家的行動與成績，並非由政治家本人評斷。儘管我自認為已經屏除私心、捨命行動，但是評論這一切的人，並不是我。我想，政治家的所作所為，最終只能交由歷史評價。

序 章

# 覺悟

即使現在距離大地震與核電廠事故已經過了一段時日，事發第一周的嚴峻狀況，依然歷歷在目。

自從三月十一日發生大地震之後，我連續一周都住在官邸。獨自一人的時候，就直接穿著防災服，在首相辦公室後方的會客室沙發上小睡。但所謂的小睡也只是躺著休息而已，大腦依然轉個不停，拚了命思考著地震與海嘯的對策、核電廠事故可能會擴大到什麼程度，又該怎麼做才能阻止事態惡化……我完全沒有入睡的記憶。

## 車諾比事件與東海村核輻射事故

一九九五年阪神大地震的記憶依然鮮明，我考量到第一時間行動的重要性，首先緊急派出自衛隊。

當然，我也是第一次遇到核電廠事故。雖然在車諾比事件發生後不久就曾讀過相關報告，對於核電廠事故的恐怖有一定程度的理解，但從來沒有想過這樣的事故竟然會發生在日本。

有別於日本，當時蘇聯的車諾比事件是由舊式的石墨慢化反應爐所引起，因為反覆的操作失誤導致核子反應失控爆炸，釋放出大量的放射性物質。就我當時的理解，這起事件歸因於使用舊式反應爐，以及蘇聯的技術程度不夠完備。但日本擁有世界頂尖的核電技術與優秀的技術人員，因此我一直相信日本的核電廠不會發生那樣的事故。

但很遺憾地，我後來才發現，這不過是「核能村[1]」所創造的「安全神話」。

在此之前，日本發生過最嚴重的核電廠事故，是一九九九年的東海村ＪＣＯ核輻射事故。這是一起因為處理核燃料的ＪＣＯ公司管理鬆散所導致的嚴重事故，造成兩名作業員因輻射暴露而身亡。

我當時雖然基於關心而詳細調查，卻只知道這起事故由人為疏失造成，沒有意識到可能帶來更嚴重的核災。現在回想，人類犯錯原本就稀鬆平常，核電廠事故的預防也必須以此為前提，我為當時沒有應用這個教訓而深切反省。

---

1　譯註：日本用來諷刺因推動核能而得利的產、官、學等特定人士所形成的群體。

## 福島核電廠事故

我就讀東京工業大學（下文簡稱東工大）時主修應用物理學，具備基礎的核能知識。雖然未曾設計過反應爐，也不是核能專家，但多少比文科出身的政治家稍微有點「概念」，這些知識能夠幫助我掌握核電廠事故的狀況。

地震發生後不久，我就接到報告：福島核電廠啟動了自動緊急停止裝置，所有發電機都停止運作。我記得自己聽到的當下鬆了一口氣，但隨後就傳來「海嘯影響下失去所有電源」「冷卻功能停擺」的消息。我幾乎因衝擊而表情扭曲，因為我知道發電機停止之後，如果不繼續冷卻，最後將導致爐心熔毀。

我在這次事故之前，從來沒有去過福島核電廠。事故發生後不久，我透過祕書官調查才知道，福島第一核電廠有六座機組以及七座存放核廢料的燃料池，而距離大約十二公里的第二核電廠也有四座機組與四座燃料池。第一核電廠六座機組的發電量是四六九．六萬千瓦，第二核電廠四座機組則是四四〇萬千瓦，合計九〇九．六萬千瓦。而車諾比核電廠一號爐至四號爐的發電量合計為三八〇萬千瓦，因此福島核電廠的發電量約為其二．四倍，且車諾比發生事故的只有四號爐，因此福島第一與第二核電廠的核燃料與核廢棄物量是車諾比四號爐的好幾十倍。

我再次震驚於東京電力公司（下文簡稱東電）設置於福島縣的核電機組，竟然如此集中，一想到這些機組如果失控將會引發何等景況，就不禁背脊發涼，而我的擔心最終成了現實。

## 核電廠事故惡化

災難發生後，松本龍防災責任大臣為了應變地震、海嘯，立即進駐危機管理中心，並在北澤俊美防衛大臣、負責管理警察單位的中野寬成國務大臣（國家公安委員長）、消防管理單位的片山善博總務大臣等人的配合下，立即出動軍、警、消人員。

另一方面，誰也無法想像核電廠事故後續將如何發展。我除了負起首相的責任，設立處理震災與核電廠事故的應變指揮中心之外，同時也繃緊神經注意核電廠事故的動向。

核電廠事故朝著惡化的方向發展。原本即使輸電線的電力中斷，也能靠著緊急備用的柴油發電機輸送電力，但當時連緊急用發電機也因海嘯而停止，核電廠失去了所有電源。

在接到東電的請求後，為了緊急冷卻裝置，我們立即安排電源車前往支援，但最後卻因為插座不合等理由，導致電源車無法派上用場。

## 初期應變

核電廠事故的初期應變不順利，令我感到非常焦慮。

主導核能事故處置的行政單位，原本該是核能安全保安院，但保安院在初期救災階段卻完全派不上用場——既無法說明現狀，也提不出任何關於後續的預測。

我曾擔任過厚生大臣（現在的厚生勞動大臣）與財務大臣，當時各部會官員都是相關領域的專家，一般而言，他們在大臣指示之前就會先討論好方針，並對大臣提出建議。但在這次的核電廠事故中，最早前來進行事故相關說明的核能安全保安院長，並非該領域的專家，無法提供充分的解說，之後也沒能呈報任何關於未來預測的方案。

為此，我不得不在事故發生後的初期階段，就在官邸建立以「首相輔佐官」與「首相祕書官」為中心的情報蒐集體系。

## 燃燒不盡的核電廠

核電廠即使插入控制棒，停止核分裂反應，核燃料仍會繼續釋放衰變熱，如果不持續冷卻，反應爐就會因水分蒸發而形成空燒，最後將導致爐心熔毀。因此，緊急停止裝置啟動後也必須持續冷卻。但福島核電廠的冷卻功能卻因為失去所有的電源而停擺，陷入無法發動冷卻裝置的嚴重狀況。

如果發生事故的是火力發電廠，即使燃料槽起火，事故也終將因為燃料燒盡而平息。當然會造成嚴重災害，但區域與時間都有限。要是狀況危急，就應該撤離從業人員；如果無法更進一步處理，消防人員即使撤退也無可厚非。

但核電廠事故卻有著根本性的差異。失控的反應爐如果置之不理，狀況只會隨著時間而惡化。燃料燃燒不盡，放射性物質將持續釋出。這些放射性物質將隨風擴散，而且更麻煩的是，放射能的毒性即使過了長時間也不會消失——鈽的半衰期是兩萬四千年。

一旦核電廠釋放出大量的放射性物質，即使事件平息，人們也無法靠近，狀況將完全失控。換言之，「先暫時撤退，重整態勢後再想辦法處理」的方式，反而會讓事故更難收拾。

如同報導，在事故發生第四天的十四日夜晚到十五日清晨，東電提出了從事故現場撤退的要求，這代表他們將放棄十座機組與十一座存放核廢料的燃料池，而這樣的要求，將日本推向了可能就此毀滅的難題。

## 最壞的劇本

核電廠事故發生後的那一周是場惡夢，災害接二連三擴大。

後來才知道，一號機早在三月十一日，也就是事故發生第一天晚上八點左右，爐心就已經熔毀。當時雖然有報告顯示水仍淹過燃料棒，但其實水位計早已失靈。隔天十二日下午，一號機發生了氫爆。緊接著三號機也在十三日發生爐心熔毀，十四日發生氫爆。十五日早上六點左右，我在東電總公司接到二號機發出衝擊音的報告，而四號機幾乎在同時發生了氫爆。

我已經開始獨自思考「最壞的劇本」，想像災害將擴大到什麼程度。

事故發生後，美國指示在日本的美國國民撤離到距核電廠五十英里（八十公里）以外的範圍。許多歐洲國家也關閉東京的大使館，遷移到關西。

如果全部機組都失控，所有機組與存放核廢料的燃料池，將在數周至數月內熔毀，釋放出龐大的放射性物質。如此一來，就無可避免地必須大範圍撤離包括東京在內的居民，到時候該怎麼做，才能維持避難的秩序呢？

除了撤離一般民眾之外，也必須考慮遷移皇居等國家機構。

事故發生後，我好幾天都在夜晚獨處時，腦中反覆模擬著避難的劇本，但直到三月十五日清晨發生東電撤退事件之前，都沒有與任何人商量。因為我認為事態過於重大，說出口的時機也必須謹慎考慮。

## 核能委員長的劇本

距離我在腦中思考「最壞的劇本」的大約一周後，多虧現場作業員、自衛隊、消防員等人拚了命地注水，核電廠在二十二日逐漸脫離最壞的危機，但我依然透過細野豪志輔佐官，委託核能委員會委員長近藤駿介先生，針對災害擴大的狀況進行科學評估，若最壞的情況接連發生，計算避難區域將擴大到什麼樣的範圍。

近藤先生在三月二十五日送來了一份名為「福島第一核電廠意外事件綱要整理」的文件，後來被媒體稱為「官邸製作的『最壞的劇本』」。

這是根據最壞狀況的假設所做出的極端技術性預測，文件中寫到：「假設氫爆破壞了一號機的核子反應爐圍阻體，造成輻射劑量上升，所有作業員撤退，無法透過注水冷卻的二號機、三號機反應爐，以及一號機到四號機的核廢料燃料池所釋放出的放射性物質，將可能使強制撤離區域達到半徑一七〇公里以上，允許有意願者撤離的區域將達到包含東京都在內的二五〇公里以上。」

專家的科學計算證實了我個人的想法。「果真如此！」我的背脊感受到冰凍般的涼意。

為了避免誤會而在此說明，這份「最壞的劇本」中提到的半徑二五〇公里，指的並不是必須立即避難的區域。根據預測，即使最壞的狀況發生，在演變到需要從東京撤離之前，也有幾周的緩衝時間。

▶在事故無法平息的狀況下，強制撤離的區域（半徑170公里）與允許有意願者撤離的區域（250公里）模擬圖

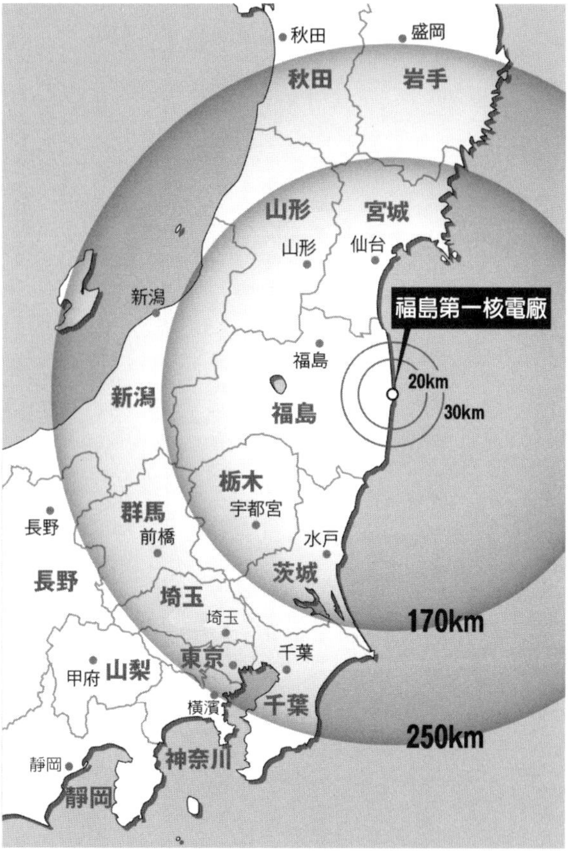


根據近藤駿介核能委員會委員長依作者指示所製作的「福島第一核電廠意外事件綱要整理」，繪製地圖如上。

## 《日本沉沒》成為現實

即使如此，半徑二五〇公里也包含除了青森縣之外的幾乎整個東北地區、幾乎整個新潟、一部分的長野縣，以及包含首都圈在內的關東大部分地區，居民人數大約五千萬人。換句話說，這五千萬人都必須撤離。根據近藤先生「最壞的劇本」預測，如果只任由放射線物質自然衰減，必須避難好幾十年，才能等到年輻射劑量下降到可供人類生活的程度。

「多達五千萬人長達數十年的避難」——即便是科幻小說，大概也只有小松左京的《日本沉沒》[2]能夠預想到這種狀況，國外恐怕也沒有可供參考的前例。

這份「最壞的劇本」，確實並非基於官方的正式委託製作，我也沒有指示政治家或官員根據這個假設，擬定避難計畫。我們並未實際進行任何關於避難的規畫。

換句話說，「五千萬人避難計畫」只是我自己在腦海中模擬的劇本。

我腦海中的「避難模擬」大致有兩套，其中一套是在數周內撤離五千萬人的執行計畫。如果在下達避難指令的同時，沒能提出讓人民確實遵守的計畫，絕對會造成嚴重恐慌。

現在的日本不存在戒嚴令[3]，除非發動近似於戒嚴令的強制命令，否則不可能井然有序地撤離。

然而在準備如此大規模的避難計畫時，也必定會在準備階段洩漏情報。現今媒體發達，除了大眾媒體之外還有網路，情報管理非常困難。我的意思不是

---

2 譯註：一九七三年出版的科幻小說，同年由東寶電影公司拍成電影，造成巨大轟動。

3 原註：現在的法律雖然沒有規定戒嚴令，但《國民保護法》（在武力攻擊等狀況中採取保護國民相關措施的法律）賦予了首相相當強大的權限。不過，這條法律是為了處理武力攻擊以及大規模的恐怖攻擊，難以適用於核電廠事故。賦予首相發布緊急事態宣言權限的是《警察法》第七十一條「首相如遇大規模災害或動亂等緊急事態，在認為有維持治安的特殊必要性時，可基於國家公安委員會之勸告，針對全國或部分區域發布緊急事態宣言」，以及《災害對策基本法》第五百條「發生重大災害，且該災害異常且激烈，嚴重影響國家經濟及公共福祉，認為有推動該災害之災害緊急應變對策之特殊必要性時，首相可透過內閣會議，針對相關區域全域或部分發布災害緊急事態宣言。」但並未具體描述對國民有多大的強制力。《大規模地震對策特別措施法》，是在預知地震後發布警戒宣言，做出避難指示的法律，並未制訂關於核電廠事故與輻射避難的相關規定。

難以隱瞞情報，而是難以正確傳達資訊以避免引起恐慌。在這種情況下，該如何進行首都圈的避難計畫呢？執行起來必定超乎想像。

除非政府完全接手鐵路、道路以及機場的管理，否則不可能按照計畫移動吧？那麼，無法自主行動的住院者、照護機構中的高齡者，又該如何撤離呢？是否應該至少先撤離孕婦與孩子呢？有無數的問題必須考慮。

皇室應該在哪個階段避難，也必須謹慎判斷。

身為政府，除了民眾的避難之外，也必須考慮國家機構的避難——這是實質上的遷都。中央部會、國會、最高法院都必須遷離，其他眾多行政機關，也必須撤到半徑二五〇公里之外。平時光是擬訂計畫就需要兩年，不，或許更久，但現在從計畫到實施，都必須在幾周內完成。

雖然日本人在大地震時冷靜的行動獲得國際好評，但若要在幾周內撤離五千萬人，恐怕就會成為人間煉獄。五千萬人的人生都遭到破壞，《日本沉沒》化為現實。

請各位想像一下自己接到避難指示的狀況。

這不是搬家，所以撤離時必須放棄身家財產。這時能夠帶走的東西有哪些呢？能夠和家人一起行動嗎？該逃到哪裡呢？如果西日本有親戚，或許可以暫時寄人籬下。但就算好不容易撤離了，工作該怎麼辦？房子該怎麼辦？孩子的就學問題又該怎麼辦呢？

福島第一核電廠附近的居民，就實際面對著上述殘酷的現實。約十六萬名撤離當地的人，懷著這樣的不安度過一天又一天。工作、孩子的學校等將來前景都昏暗不明，不安隨著時間逐漸擴大，福島的人承受著極大的艱辛。當需要撤離五千萬人的時候，等著我們的將是超乎想像的困難與混亂吧？而這並不是幻想，差一點就要成為現實。

## 最壞的劇本持續上演

即使好不容易撤離五千萬人，「最壞的劇本」依然沒有結束。

請想像核電廠半徑二五〇公里的範圍內，長達數十年無法住人的狀況。

在這個區域內從事農業、畜牧、漁業的人，不只失去居所，也失去工作。

如果任職於大企業的工廠，或許會被調到其他地區的工廠，甚至調職海外；至於小規模工廠則會直接破產，導致失業吧？獨立小店也是同樣的狀況。百貨公司、超市等流通業也一樣，雖然全國性的公司有機會免於破產，但一定會面臨人事精簡的問題。鐵路、電力、瓦斯、通訊等提供區域服務的公司，也將失去在東日本的業務。

照道理來講應該是鐵飯碗的公務員，又會如何呢？國家公務員應該會忙於國家重建這項重要工作，而國家或許也會為了解決失業而雇用更多的公務員。但半徑二五〇公里範圍內的地方自治體職員又該怎麼辦呢？雖然「縣」「村」的概念依然存在，但如果居民分散各地，這些行政區早已失去自治體的功能。原本的職員或許只能寄居避難範圍外的公所，僅留下最低限度的人力。

避難的人也需要住宅補助金。國家不可能建設一千萬戶以上的組合屋，即使租用飯店、旅館、空屋、空房，能提供的數量也有限。

估計超過一千萬名的失業者又該怎麼辦呢？地震與海嘯後的重建工作，也會因為受災區被畫入避難範圍而無從實行。

學校又該怎麼辦呢？避難範圍的私立學校無法繼續經營，大學也一樣，即使撤離了學生與教授，實驗設備也只能就此留在當地。此外，有足夠的醫院與設施能收容病人與高齡者嗎？

即使公司不在避難範圍內，若交易對象位在東京，就不可能收回帳款，也會失去今後的潛在客戶。所有業種、企業都會受到直接或間接的影響。

經濟的混亂無可避免，如此一來證券市場也只能停止交易。日圓想必將大幅下跌，日本整體的經濟將落入十八層地獄。

或許不只東京地價暴跌，大阪或名古屋的地價也將飛漲，這時也必須停止土地的買賣。屆時，資本主義與私有財產的概念勢必不復存在。

想必也會有人移民海外吧？這完全就是《日本沉沒》中所描寫的狀況。

國家到底得支出多少金錢才行？又該從哪裡尋找財源？

而從半徑二五〇公里的範圍內撤離，同時也代表輻射透過大氣與海洋散播到全世界。日本作為一個國家，該如何回應國際間的責難與賠償要求呢？把責任推給東電一介民間企業是不被允許的事情，再說，這也已經超過東電能夠應付的層次。

我的模擬已經不再是獨自一人可以想像的規模。

我的腦海當中，數度浮現危機的狀況。

日本社會建立在「核電廠不可能發生重大事故」的前提上。因為有了這個前提，才建造了五十四座機組。法律、制度、政治、經濟，甚至文化，都以「不可能發生核電廠事故」為前提而運作。政府可說是毫無防備，所以當事故實際發生時，才會束手無策。

政治家、電力公司、監督機關都說核電廠事故「出乎意料」，就某種意義來說這是事實。我懷著對自己的警惕，如此斷言。

然而不管有沒有料到，都無法逃避既成的現實——我從事故發生後，就做出了這樣的覺悟。

## 最高指揮官的內心掙扎

二〇一一年三月十一日之後，東日本有好幾周都遭到輻射這個看不見的敵人占領。而且很多人可能都沒有意識到，這並不是來自國外的侵略者，而是日本自己創造出來的敵人。正因為如此，日本必須做好靠自己力量平息的覺悟，即使有人犧牲也在所不惜——事態已經變得如此嚴重了。

蘇聯為了平息車諾比核災而出動軍隊，從直升機拋下共計五千噸的砂石與鉛滅火，並且花了將近半年的時間打造「石棺」。

據說在車諾比核災發生後的十天內，就有超過兩百名以士兵為主的作業員為了滅火而住院，並有大約三十名人員因為急性輻射暴露而死亡，後來也有不少士兵犧牲。考慮到蘇聯的國情，我們無法得知確切的犧牲人數，但可以肯定這是置生死於度外的作業。日本能夠做到蘇聯這種程度嗎？再說，日本可以這麼做嗎？

直到太平洋戰爭[4]前，日本都將「為國捐軀」視為理所當然。在沖繩島戰役等情況下，戰爭指揮者不只如此要求軍人，也強迫民眾做到這個地步。戰後重生的日本反省當時的作為，不再要求國民「為國捐軀」，甚至認為「人命重過於地球」。

但面對實際發生的福島核電廠事故，只靠這樣的信念真的有辦法處理嗎？

---

4 譯註：第二次世界大戰中，軸心國成員日本、泰國及以美國為首的同盟國於一九四一年十二月八日至一九四五年九月二日期間，範圍遍及太平洋、印度洋、東亞及東南亞地區的戰爭。

如果核災無法成功平息，大量的放射性物質將飄散到整個東日本，甚至全世界，到時候日本與這個世界會變成什麼樣子呢？可以肯定，許多日本人將失去性命，社會陷入嚴重混亂，日本將陷入國家存亡的危機。因為危急性命而逃跑，是可以被原諒的嗎？

我一直以來都說自己的政治信念是實現「最小不幸社會」。造成不幸的最大原因是戰爭，而重大核災也會使許多人陷入不幸。遏止這樣的狀況發生，是政治家的責任。為了實現這點，有賴國民在各自的立場中確實達成義務，當然，政治家與公務員的責任更加重大。而面對核電廠的事故，也必須要求身為當事人的東電員工，在各自的立場中負起各自的責任。

身為首相，所處的立場[5]就是「儘管知道在最壞狀況下，恐怕將犧牲生命，也必須下達前往災區的命令」。

但奉命前往災區的人呢？

他們也有妻兒家人，為了負起身為丈夫、身為父親的責任，必定不願意前往危險的場所，因此想必在工作的責任與家庭的責任間左右為難。

在三月十一日之後，我有好幾天都不斷地問自己，該如何對應接連失控的反應爐，以及放射能這個看不見的敵人，又能夠對抗到什麼樣的程度呢？這些緊迫的問題，就是存在於眼前的現實。

5 原註：作家兼評論家佐藤優先生，在三月十三日的部落格中這樣描述我當時所處的立場：「即使透過媒體低調的報導，國民也已經察覺福島第一核電廠的狀況危急。首相必須無懼於超法規措施，採取必要的處置。這時我們國民必須充分意識到，為了拯救國家危機，有些任務必須冒著生命危險。近代主義建立了戰後日本的國家體制，其核心是生命至上主義與個人主義，個人的生命重於一切，國家不能要求國民犧牲生命。但從國際標準來看，任何國家都有需要擔負『無限責任』的職種。而所謂無限責任指的是遂行職務比生命更重要的狀況，譬如日本的自衛官、警官、海上保安官、消防員、外交官等，在本質上就必須背負無限責任。一般情況下，東電相關人員不在無限責任設定的範圍。但有鑑於福島第一核電廠的事故屬於重大事故，需要具備專業知識的人員賭上自己的生命，致力於拯救危機。雖然大眾媒體並未詳細報導，但日本的核能專家為了擺脱危機，在現場名副其實地拚命努力。為了避免危機，菅首相在發布要求無限責任的超法規命令時不能猶豫。菅首相是經過民主程序選出來的日本領導者，必須基於職業良心，採取所有能讓日本國與日本人生存下來的必要措施。」

## 東電撤退與統合指揮中心

核電廠事故發生後好幾天，毫無平息的跡象，反應爐的失控狀態逐漸擴大，我已經下定決心，為了平息這場核災，包含我自己在內，即使有生命危險也不能逃離。然而，理應主導核電廠事故應變的行政組織——核能安全保安院，卻沒有提出任何建議，院長從事發第二天後就幾乎不見人影。東電撤退事件就在這個時候爆發。

三月十五日凌晨三點，我在官邸小睡的時候被祕書官叫醒：「產經大臣有事想來找您商量。」而後，海江田萬里產經大臣來訪，告訴我東電的清水正孝社長提出撤退要求。

我與東電協商的詳細經過，留待下一章再介紹，總之我當時認為：「一旦撤退，日本就會毀滅。絕對不可能撤退。」這個想法不只針對東電，自衛隊、消防、警察等單位也是一樣。只不過就常理來看，要求一介民間企業的東電職員做到這種程度，或許太過火。但東電是造成事故的當事者，除了東電的技術人員之外，沒有人能夠操作引發事故的東電福島核電廠反應爐。如果東電相關人員缺席，就不可能平息事故。正因為如此，即使危及生命，也不可能答應讓東電撤退。

我同時也判斷，必須在東電總公司內設立政府與東電的統合應變指揮中心，並且也決定由細野豪志首相輔佐官代我以事務局長的身分常駐。照理來說，東電與政府應該在核電廠事故發生後齊心協力平息災害，但就連撤退這個重要問題，都未曾充分溝通。我認為這可能成為救災行動中的致命傷，因此將清水社長找來官邸，告知他「撤退是不可能的」，並且提議「在東電總公司內設立統合應變指揮中心」，說服他理解。

我為了設立應變指揮中心，在三月十五日凌晨五點三十五分拜會東電總公司。我認為「撤退」不是清水社長一個人的想法，當然也包含了董事長與其他高層的判斷。為了說服董事長、社長等東電高層打消撤退的念頭，我使盡渾身解數，對他們說出下列這段話：

「我想各位應該最了解這次事故的嚴重性。政府與東電必須即時應變。指揮官由我擔任，梅江田大臣與清水社長則擔任副指揮官。

現在的情況不只與二號機有關。一旦我們放棄二號機，一號機、三號機、四號機到六號機，乃至於福島第二核電廠，到底會變成什麼樣？恐怕在幾個月之後，所有的核電廠、核廢棄物都會瓦解，輻射也將外洩，相當於有十座、二十座的車諾比核電廠外洩出二倍至三倍的放射性物質，屆時，日本將遭受毀滅性的災難。

當然，我們可能賭上性命也無法阻止狀況惡化，即便如此，我們也絕不能撤退與袖手旁觀。如果這麼做，其他國家說不定會表示『讓我們來』。沒有人能置身事外，請一起拚命吧，我們無路可逃。眼下的資訊傳達既緩慢又不到位，而且還是錯的。請各位不要退縮，務必呈上必要的資訊。除了眼前的狀況之外，也要預判可能在十個小時後、一天之後、一周之後發生的事，然後預先採取行動。

無論花多少錢都無所謂，東電只能繼續往前衝。在日本可能滅國的節骨眼，我們沒有撤退的選項。董事長、社長，請務必下定決心。六十歲以上的人可以深入現場，我自己也有這樣的覺悟。我再說一次，撤退是不可能的。一旦撤退，東電一定會倒閉。」

以上是陪同我前往的官邸年輕員工所聽打出來的筆記。

## 逆轉攻勢

三月十五日清晨六點左右，我在東電總公司接獲二號機反應爐的壓力抑制槽（suppression chamber）附近發出轟然巨響的報告。推測由於壓力過大，導致壓力抑制槽部分破損。如果圍阻體完全損毀，事態將演變成最壞的狀況。

東電的處理全都慢半拍，尤其總公司的後援完全失能。我透過視訊會議確認狀況後漸漸發現，事故發生已經過了好幾天，卻連電池等必要機材都還沒送到現場。直到統合應變指揮中心設立之後，才比較容易得到自衛隊與警察的協助，狀況也才得以大幅改善。

面對放射能單方面進攻的核電廠事故，自衛隊終於在統合應變指揮中心成立的隔天，即三月十六日，出動直升機執行注水作業，開始發動逆轉攻勢。雖然十六日因為上空輻射量過高而放棄注水，但十七日就抱著必死的決心實施。除了自衛隊之外，警察、消防等單位都因此而士氣高昂，為了拯救日本而拚命努力。美國方面——尤其是美軍，也認為既然自衛隊都已帶頭做起，就給予了全面性的支援，情勢因此有所好轉。

而且反應爐內的壓力，也不知道是因為降壓還是破損的緣故而降低，終於能夠注水了。於是我們能夠將反應爐冷卻下來，溫度緩緩下降，反應爐也漸漸開始穩定。

## 神明保佑

如果圍阻體來不及降壓，發生如橡膠氣球破掉般的全面爆炸，就無法避免最壞的劇本上演。

幸好圍阻體並未完全損壞，推測只有二號爐的壓力抑制槽破洞。於是反應爐就像紙氣球充氣一般，從較脆弱的接縫處破開，導致內部氣體從破口處緩慢外洩。

最終，總算避開了致命放射性物質一口氣釋放出來的危機。此外也因為壓力降低，從外部注水的計畫因而可行。

我們之所以能夠逃過一劫，有很大一部分靠的是現場的努力，但我想最後仍是幸運的偶然累積起來的結果。

四號機的核廢料燃料池進水也是其中之一。事故當時因為工程延遲，四號機的反應爐呈現滿水的狀態，這些水因為衝擊等不明原因流到燃料池裡。如果池中的水因沸騰而蒸發，最壞的劇本就無可避免。我只能說這應該是神明保佑。

於是我們有幸遠離「最壞的劇本」，最後並未演變成需要下令擬定具體避難計畫的狀態，「五千萬人的避難模擬」就這樣留在我的腦海裡。

但是，這份撤離五千萬人的「最壞的劇本」，從那時到現在，都一直在我的心裡揮之不去。

## 窺見日本毀滅的深淵

我從首相卸任之後，好幾次被問到：「您會不會覺得運氣很差，偏偏在自己擔任首相時遇到這樣的重大事故？」

我沒有什麼運氣好或不好的體會。既不覺得感慨，也沒有想要藉此揚名立萬的雄心，我只覺得「這就是命運」。

因為是命運，所以不能逃避──我當時這麼告訴自己。

從事故發生以來，車諾比事件就一直縈繞在我的腦海。在撰寫本書時，我也翻閱了蘇聯領導人戈巴契夫的《回憶錄》，因為他想必和我一樣，看見了地獄的景象。書裡的內容酷似我所經歷的體驗，且讓我引用其中幾段。

「雖然最初幾天，我們的情報還不夠充分，但直覺告訴我，這起事件極具戲劇性，後果將可能變得十分嚴重。」

「就我所知的內容判斷，我不會質疑有誰對人們的命運採取不負責任的態度。如果沒有做出適時的處理，都只是出於無知而已，這是最主要的理由。因為不只政治家，就連學者與專家都沒有做好應付事故的準備。」

「核能部門的封閉性與祕密性，遭管轄機關的派系主義與科學獨占主義所束縛，現在終於以極度負面的形式一舉揭露。我在一九八六年七月三日的政治局會議中曾質疑：『我們這三十年來，都從你們這些學者、專家、首長口中聽說核電完全安全，也把你們當神看，但是卻發生了這樣的慘事。管轄機構與許多科學中心都不受監督，結果支配一切體系的卻是隱瞞、奉承、派系主義、對異議分子的壓迫，以及環繞在指揮者身邊的個人與派系相關意念。』」

「有人企圖將車諾比事件操作成政治交易的籌碼。」

災後的日本也幾乎是相同的狀況，而蘇聯在車諾比事件的五年後就解體了。不過，儘管我和戈巴契夫同樣窺見了重大核災的深淵，卻對核電的未來做出了截然不同的結論。

戈巴契夫做出核電不可或缺的判斷，但我卻與他相反，做出廢核決定。

## 核電是哲學問題

許多人在經歷了三一一福島核災之後，提出對核電的想法。

提到關於核電的討論，我想到的是哲學家梅原猛在二〇一一年第一次復興構想會議的開場點出：這次的核電廠事故是「文明災害」。

核電問題不單屬於技術面或經濟學的範疇，而是對人類的生活方式，也就是文明的根本質疑。核電廠事故，無疑是錯誤的文明抉擇所引起的災害。既然如此，與其說廢核是一種技術問題，不如說其最終仍需取決於國民的意志，因此也可說是一道哲學問題。

我自己也在經歷了三一一核災後，開始覺得人類根本不可能控制核反應，核能是對人類存在的威脅。

這讓我想到知名的希臘神話〈普羅米修斯之火〉，我從小學的時候就一次又一次地聽父親說這則故事：普羅米修斯讓原本不知「火」為何物的人類認識了火，宙斯因此而大發雷霆，因為「讓人類用火將導致重大災難」，於是把普羅米修斯綁在岩山，一輩子飽嘗被老鷹啃食身體的痛苦。我的父親雖然是領薪水的技術人員，但年輕時似乎是個文藝青年。我聽了好幾次這則故事後，開始覺得政治的責任就在於控制「普羅米修斯之火」。

而讓我成為政治家的其中一項契機，就是核武的存在。一九五七年，全世界的科學家與哲學家聚集在一起，召開了帕格沃什會議[6]（Pugwash Conferences）。愛因斯坦、羅素、湯川秀樹等科學家，在這場會議中團結起來推動廢核。我在學生時期得知這場會議，再次體認到科學技術不會如同預期般帶給人類幸福。

雖然科學發展愈來愈進步，但每個人的能力卻不會同步進化。由此產生的落差，使科學技術變得無法控制。開發核武就像老鼠製作捕鼠器一樣矛盾，而這一點迥異於由個人特質所創造的藝術作品。對於科學技術，人類是否能發揮足夠的智慧，謹慎地選擇取捨？這是我從年輕時開始持續思索的課題。

這就是我從事政治的原點：想要解決科學技術的矛盾。所以儘管後來選擇就讀東工大這所理工大學，我依然關心政治，參與學生運動，並在畢業後投身公民運動，最後甚至成為了政治家。

## 與人類共存

太陽的恩賜，讓人類等地球上的生物得以存在。除了地熱之外，人類所使用的資源最初都來自於太陽能。想必有人會認為，太陽能本身就是核融合形成的核能。但是太陽距離地球約一億五千萬公里，這樣的距離削弱了放射能，太陽的核反應所形成的放射能，幾乎不會影響人類。換個角度來看，可以說：只有能與因日地距離而減弱的放射能共存的生物，才能誕生在地球上，也才能繼

6 譯註：為廢除核武器與追求和平而成立的國際科學家組織。

續存活下去，包含人類在內。

但是核武及核電與大自然中的太陽不同，是在這數十年間，透過人類之手於地球上創造出來的核能產生裝置，這些裝置能夠與人類共存嗎？人類世界正面臨著嚴重的矛盾。我認為如果人類終將滅亡，原因就在於核能。這就是「科學技術的進展，將危及人類存在」的矛盾之處。

我無論如何都想落實廢核。身為曾以首相身分經歷福島核電廠事故的政治家，這是我的義務。

### 〔核災事故連鎖反應的預測〕

①風險較高的 1 號機反應爐廠房內或圍阻體內發生氫爆，釋放出放射性物質。1 號機無法注水，造成圍阻體破損。

②輻射劑量升高，所有作業員撤離。

③ 2、3 號機反應爐無法注水／冷卻，4 號機核廢料池無法注水。

④ 4 號機核廢料池的燃料露出、破損、熔毀。而後熔毀的燃料與混凝土產生交互反應，釋放出放射性物質。

### 〔輻射劑量評估結果〕

■接著，其他反應爐的燃料池也在燃料破損之後，與核心混凝土發生交互作用，開始釋放出大量的放射性物質。結果將可能導致半徑 170 公里以上的區域必須強制撤離，半徑 250 公里以上的區域因為年輻射劑量超過天然輻射的程度，必須允許有意願者撤離。

■雖然影響範圍將因時間經過而逐漸縮小，但若僅任其自然衰減，上述提及的 170 公里、250 公里撤離區域將需要耗時數十年。

---

▶【資料】「福島第一核電廠意外事件綱要整理」節錄（2011年3月15日，由核能委員長近藤駿介製作）

第一章

# 回想——凝視深淵的日子

接下來我將盡可能依照時間序列，回顧二〇一一年三月十一日，三一一大地震發生後的那一周。

## 三月十一日・星期五

### 大地震發生前

二〇一一年三月十一日下午二點四十六分，三一一大地震發生的時候，我正在出席參議院的決算委員會。

當時的參議院在野黨席次過半，執政黨形同一般所說的「跛腳」狀態，因此在野黨炮火相當猛烈，審議日程等也由在野黨決定，首相在預算委員會與決算委員會上，必須面對長時間的質詢。根據憲法規定，預算以眾議院為優先，因此近年來參議院特別重視決算委員會。

決算委員會原本應該是根據前年度的預算執行結果（決算）進行質詢，但這天的質詢都聚焦在我的政治獻金相關問題，與決算本身無關。因為我所提報的政治獻金中，有來自外國人[7]的款項。

## 搖晃的水晶燈

二點四十六分，地震就在對我的嚴厲質疑中發生。

大幅度的搖晃持續了相當長的時間，懸掛在委員會室天花板上的水晶燈也劇烈晃動。我坐在答辯席的椅子上，緊抓著兩邊的扶手，抬頭看著天花板，擔心水晶燈會掉下來。

長時間的搖晃終於停止，鶴保庸介委員長宣布委員會暫停，我立刻從國會返回官邸。

回到官邸後，我直接前往位於地下室的危機管理中心。

官房長官等人已經到了，相關人員也陸續抵達。發生震度六弱（搖晃劇烈

7 原註：我被指出這點之後，就委託律師向本人確認，才知道對方是在日本出生的在日韓國人，國籍依然是韓國，於是我就將政治獻金退還了。雖然有人向東京地檢署告發，卻被駁回，也有人向檢察審查會提出申訴，最後仍做出不起訴的決定，在法律上已經完全結案。

以致站立困難）以上的地震時，必須在官邸設置對策室。對策室設於內閣危機管理監之下，由各部會局長級人物組成緊急應變小組。地震發生時，伊藤哲朗危機管理監已經人在官邸，因此緊急應變小組立刻就召集起來。伊藤管理監為前警視總監，在二〇〇八年福田康夫擔任首相時就任危機管理監，並在同一年經歷過岩手及宮城內陸地震。

## 緊急災害應變指揮中心

我抵達之後，會議在下午三點十四分開始。伊藤管理監說明：「此案目的是設立緊急災害應變指揮中心。」我立刻就理解了狀況。

其實這是第一次成立緊急災害應變指揮中心。根據《災害對策基本法》第二十四條，發生「重大災害」時，根據災害規模等狀況，一旦有必要推動該災害之相關應變對策時，即可由首相在內閣府臨時設置「重大災害應變指揮中心」。而這次的災害顯然超越了「重大災害」的規模，因此根據該法第二十八條第二項的前提：「發生顯著異常且劇烈之重大災害，且有必要推動有關該災害之應變對策」，我成立了緊急災害應變指揮中心。

接下來的說明或許有些瑣碎，不過重大災害應變指揮中心的指揮官會由負責防災的國務大臣擔任，緊急災害應變指揮中心的指揮官則由首相擔任。

緊急災害應變指揮中心擁有相當強大的權限；若有必要，指揮官不僅有權指揮中央各部會，更能向地方自治體下達指示。因此設置該指揮中心前，需要先通過內閣會議。

至於指揮中心的架構，副指揮官由防災責任大臣、官房長官、防衛大臣、總務大臣四人擔任，中心成員則是這四人以外的所有國務大臣（換句話說，每位大臣都是成員，由前述四名大臣擔任副指揮官）、內閣危機管理監及副大臣（或首相所任命之國務大臣以外的指定行政機關首長）。指揮中心職員則由首相從內閣官房或指定行政機關職員，或指定地方行政機關之首長或其他職員中任命。

此時，海嘯尚未襲來，福島第一核電廠的事故也尚未發生，我們還無法掌握大地震的受災全貌。總而言之，這是戰後日本未曾經歷過的大地震，所以首度設置緊急災害應變指揮中心。

當時我首先得應付大地震，隨後海嘯緊接而來，而第三波災害——核電廠事故就在這時發生。而且在這個時間點上，我們依然還無法掌握地震與海嘯的災害全貌。我所面臨的就是這樣的狀況。

核電廠事故不一定發生在平時，我們理應預想到，事故可能像這樣發生在大災害當中。然而，針對核電廠事故所制定的《核能災害特別措置法》（以下簡稱《核災法》）卻完全沒有設想到這種狀況——我在幾個小時之後才察覺到這件事。

應變指揮中心立刻開始組織救援行動。

首先決定人命救助方針。據說最初的七十二小時是震災時人命救助的關鍵時刻。我回想起一九九五年阪神大地震時，自衛隊未能即時出動的前車之鑑，於是指示北澤俊美防衛大臣盡快出動自衛隊。

防衛省回報「可立即出動的人數為兩萬人」，因此首先發出兩萬人的出動命令。但我猜想兩萬人可能不夠，因此要求北澤防衛大臣評估能否出動更多的自衛隊員。

## 福島第一核電廠全面喪失電源

三一一大地震發生後，東電立刻緊急停止福島第一核電廠、第二核電廠的所有機組。事發當時，第一核電廠中只有一號機到三號機正在運作，四號機到六號機早已因為定期檢查而停機。

但在地震發生後，大海嘯席捲三陸海岸，第一核電廠因而喪失所有交流電源。[8]

---

8 原註：第一波海嘯在下午三點二十七分侵襲福島第一核電廠。第二波則在下午三點三十五分來襲。第一核電廠的一號機到五號機因此而失去所有交流電源，第一、二、四號機也失去直流電源。
下午三點四十二分，東電向經濟產業省核能安全保安院報告，核電廠發生了《核災法》第十條中的特殊事項。大約一個小時後，四點四十五分，一號機、二號機的緊急爐心冷卻裝置無法注水，東電於是接著向保安院報告發生了《核災法》第十五條的事項。
關於事故發生的情況，《核災法》第十條規定「於核能事業所區域之邊界附近，接獲在政令所定之地點檢出政令所定標準以上之輻射劑量與發生其他政令所定事項之通報，亦或主動發現時」，必須向主管機關首長、都道府縣知事、市町村長通報。
而第十五條也規定，「主管機關首長認定在下列任何一種情況中發生核能緊急事態時，立刻對首相報告有關狀況之必要情報」，而所謂的緊急事態，則是第十條報告的輻射劑量為

《核災法》在一九九九年制定，規定發生核電廠事故等核能災害時應當如何處置。日本的商用反應爐從一九六六年開始運作（茨城縣東海村的東海發電所），但直到一九九九年為止，都沒有針對核能災害的管理制定法律。

《核災法》是在一九九九年九月東海村核輻射事故發生後才制定的。這起事故不是核電廠事故，而是處理核燃料的公司所引發的事故，造成兩人因為急性輻射暴露而身亡。在此之前，人們都以為處理核能的設施「不會發生意外」，所以也不存在相應的法律來規範政府在發生意外時該如何應變。

這條法律的前提是，發生重大事故時，核電廠「現場」的反應爐等由電力公司等業者負責處理；至於撤離居民等「現場以外」的應變措施則由國家與自治團體負責。

《核災法》中也規定，發布核能緊急事態宣言後，將設置以首相為指揮官的核能災害指揮中心，其事務局則由經濟產業省核能安全保安院擔任。至於實際主導情報蒐集與應變判斷的，則是設置於核電廠附近的「當地緊急應變小組」。事故發生時，相關人員將聚集在緊急應變小組，決定應變方針，並於取得核災指揮官的核准後實施。

換句話說，在目前的法律體系中，負責收拾核電廠事故的是民間電力公司，而政府的工作則是規畫居民的避難方針。

## 核能緊急事態宣言

我出席了所有閣員都到場的緊急災害應變指揮中心會議，並在下午四點二十二分結束會議，回到首相辦公室。我在這個時間點已經安排了大地震與大海嘯發生後的第一場記者會，以及朝野黨魁會談。而在這之前，還有與民主黨幹事長岡田克也、代理主席仙谷由人等人的會面。

「政令所定之異常水準輻射劑量標準以上之情況」，或是「發生政令所定之顯示核能緊急事態發生之事項的情況」。

換句話說，電力公司在發生核電廠相關之特殊情況時，首先根據第十條規定向主管機關首長報告，若此特殊情況顯示核能緊急事態已發生，則由主管機關首長向首相報告。如同後述，海江田大臣依此前來報告，並且根據第十五條第二項「首相接獲前項規定之報告及提出時，立刻公示發生核能緊急事態之內容及以下所載之事項（以下簡稱「核能緊急事態宣言」）」規定，呈報緊急事態宣言。

大地震發生後的第一場記者會在下午四點四十五分開始，我針對大地震的發生、慰問、緊急災害應變指揮中心的設置等進行報告，也強調將盡全力減輕災害。

接著說明部分核能反應爐自動停止，放射性物質的影響尚未確認。這場記者會不接受發問，因此大約四分鐘就結束，我在結束後立刻回到官邸五樓的首相辦公室。

我從五點左右開始與細野輔佐官、寺田學輔佐官、核能安全保安院相關人員等進行討論。五點四十二分，海江田經產大臣前來，進行有關《核災法》第十五條所定事項等狀況的重要報告，並提出緊急事態宣言相關呈函。

發布緊急事態宣言，當然是法律規定的必要措施，但我同時也想先盡可能掌握事故的狀況。聽取說明的過程中，我為了參與事先安排的朝野黨魁會談，離席了大約五分鐘，回來後再聽完說明，並在晚間七點三分發布了核能緊急事態宣言[9]，接著設置核能災害應變指揮中心，舉行了第一次的指揮中心會議。

## 核電廠事故與地震及海嘯的處理方式不同

官邸的危機管理中心同時設置了核能災害應變指揮中心與緊急災害應變指揮中心。兩者都是法律規定必須成立的組織。

法律也規定，核能災害應變指揮中心的指揮官是首相，副指揮官是主管機關首長，也就是產經大臣。至於中心成員則是首相任命的副指揮官以外之國務大臣（人數沒有規定）、內閣危機管理監、副大臣或國務大臣以外的指定行政機關首長中由首相任命者。中心職員則是「內閣官房或指定行政機關職員或指定機關首長或其職員中，由首相任命者」。總而言之，核災應變指揮中心成員幾乎與已經成立的緊急災害應變指揮中心重複。只加入核災指揮中心的成員，大約只有核能安全保安院。

---

9 原註：雖然後來有人批評我從「聽取產經大臣的報告」，到「發布宣言」之間隔了太久，但實際上，我在發布宣言前已經設置緊急災害應變指揮中心，危機管理中心已進入備戰體制。官邸也針對核電廠事故成立對策室，並在正式設置核能災害應變指揮中心前確認好情報蒐集的權限等，針對核電廠事故的具體對策實質上已經開始運作，並沒有反應慢半拍的狀況。

實際上，緊急災害應變指揮中心與核能災害應變指揮中心以類似「第五次東北地方太平洋近海地震緊急災害應變指揮中心會議及第三次核能災害應變指揮中心會議」的形式，同時進行雙方會議。

不過，核電廠事故與地震、海嘯在本質上相當不同。地震與海嘯在發生的時候最危險，但核電廠事故最大的問題卻是「災難將擴大到什麼程度」。換句話說，地震與海嘯是處理「已經發生的事情」，但核電廠事故卻必須根據「接下來可能發生的事情」研擬計畫。這兩個應變指揮中心必須採取完全相反的構想。

居民的避難計畫也是同樣的狀況。住家因地震或海嘯而毀損的人，當然都必須撤離，但發生核電廠事故時，卻得要求住家完好無缺的人離開。

此外，緊急災害應變指揮中心的管轄範圍擴及相當大的地區，但核能災害應變指揮中心暫時只需考慮福島第一核電廠周邊。

總而言之，我同時面對了前所未有的大地震與大海嘯，以及世界首見的多座核反應爐重大事故這兩起國家危機。雖然之前已經有過阪神大地震等幾次地震的經驗，但這次發生的多座核反應爐重大事故，卻是世界首見、誰也沒經歷過的狀況。

## 如何看待首相的權限與責任

針對事故發生的情況，《核災法》第二十五條規定，業者（在本事故中是東電）「為防止核能災害的發生與擴大，必須要求該核能事業所的核能防災組織，採取必要的應變措施」，而在目前的法律體系中，現場的事故處理由身為業者的東電負責，至於現場以外，則由緊急應變指揮中心下設的當地應變小組主導。

由此可知，核電廠事故本身基本上由業者——本次事故是東電——處理。這次發生事故的福島第一核電廠，是民營企業東電的設施，屬於私有財產，從業人員也都是民間人士。對於私有財產與民間人士，國家握有多大的權限呢？在接下來的某個時間點上，勢必得針對這個問題做出最終判斷，我必須先做好心理準備。

在國會的事故調查委員會報告中，議論的焦點鎖定於「官邸與首相是否介入太深」，對此我想說說自己的看法。

首先第一點是關於法律規定的首相權限。《核災法》[10]第二十條規定，當認定有緊急災害應變之必要時，擔任應變指揮官的首相，「可給予核能業者（這次是東電）必要指示」，因此對東電做出指示是為法律所允許的。這裡的「指示」具有強大的意義，尤其電力公司的營運經過政府核准，業者不可能不遵循首相的指示。而「介入」指的是原本不具有權限的人，從旁插手或插口，因此「介入」的說法並不正確。身為核能災害應變指揮官，首相在法律上原本就允許對東電下達指令，批判指令內容的對錯另當別論，但將指令本身批為「介入」，並不合理。

第二點則是關於首相在國家發生緊急事態時，所必須負擔的責任。的確，在法律上，首相可在「認為有必要時」，對東京電力做出「指示」，但是否真的「有必要」，需要謹慎判斷。因為權限的行使，原本就需要盡可能抑制。

就這一層意義而言，如同以下所述，從事故發生到三月十五日於東電總公司設置政府與東電的整合應變指揮中心為止，官邸皆以中心的角色，直接參與平息事故相關事宜——這樣的情況，應該可說是特例。

但我認為，雖然是特例，首相在發生堪稱國家危機的緊急事態時，本來就背負著盡全力行使各種權限來避開危機的責任。這次的核災是東電與保安院都沒有料到的重大事故，在我的認知上，就是必須行使首相權力的時候。

以下將詳細描述事故的應變過程，請各位判斷。

## 專家的建議——核能安全委員會

身為核能災害應變指揮官，可以要求核能業者及其他關係人士提供資料或情報、表明意見等其他必要之協助。我根據這項條文，請東電派有能力說明狀況的人常駐官邸。

關於《核災法》規定之指揮官的權限，還有以下敘述：「為了確實且迅速

10 原註：《核災法》第二十條「核能災害應變指揮官的權限」中，規定核能災害應變指揮官（首相）「為了確實且迅速地實施緊急事態應變對策實施區域的緊急事態應變對策，在認為有特別之必要時，可對相關指定行政機關首長及相關指定地方行政機關首長，與根據前項規定被委以權限之該指定行政機關職員，及該指定地方行政機關職員、地方公共團體首長與其他執行機關、指定公共機關及指定地方公共機關與核能業者做出必要指示」。

地實施緊急事態應變對策，在認為有必要時，可要求核能安全委員會提供關於實施緊急事態應變對策相關技術事項的必要建議。」根據此法條，核能安全委員會的班目春樹委員長也為了提供建議而常駐官邸。

核能安全委員會是在一九七八年，從後面會提到的核能委員會獨立而出的審議機關。獨立的契機是一九七四年核動力船「陸奧號」輻射外洩，其後一九九九年發生了東海村核輻射事故，該機關藉此更加強化了功能與制度。該機關獨立於經產省與文部科學省之外，以中立的立場決定國家安全規範的基本概念，負責指導行政機關與業者，有權透過首相勸導相關行政機關，擁有強大的權限。包含委員長在內的五名委員，須經國會同意並由首相任命。五名委員以下設有由六十名專家組成的反應爐安全專門審查會、四十名專家組成的核燃料安全專門審查會、四十名專家組成的緊急事態應變對策調查委員會，此外也有專門部會，是個由二百五十名專家組成，事務局也有一百名人員的組織。

此外，內閣府也設有審議機關「核能委員會」。我在評估「最壞的劇本」時，雖然得到核能委員會近藤委員長的建議，但他的建議卻不符合核災法的規定，不具備法律根據。

核能委員會是在一九五五年根據《核能基本法》設置的機關，職權包括「策定核能研究、開發及利用的基本方針、測定核能相關經費的分配計畫、針對反應爐等規範法規定之許可基準的適用向所管大臣陳述意見、針對相關行政機關的核能研究、開發及利用相關事務的協調等進行企畫、審議並裁決」。雖然核能委員會中也聚集了核能專家，但以處理事故為目的的《核災法》，卻沒有決定該委員會所擔任的角色。

話題再拉回來。官邸的危機管理中心在晚間七點三分設置了核災指揮中心之後，我為了掌握事故的狀況，要求核能安全保安院、核能安全委員會，以及東電派能夠說明狀況的負責人前來。

雖然《核災法》規定，核災指揮中心的指揮官由首相擔任，但實務上處理核電廠事故的中心組織是核能安全保安院。根據規定，保安院將擔任核災指揮中心的事務局，保安院長則就任事務局長。

## 失能的當地緊急應變小組

除非是核能相關領域的人員，否則對一般民眾而言，在這次的事故發生前，恐怕連核能安全保安院的存在都不知道吧？這是二〇〇一年中央部會重組後誕生的組織。除了位於東京霞關的總院之外，還有二十一處的核能保安檢察官事務所，以及九處的產業保安監督部，總共擁有約八百名人員。福島第一核電廠旁的福島縣雙葉郡大熊町也設有核能保安檢察官事務所，其所在之建築物稱為福島縣核能災害應變中心，理應扮演緊急應變小組的角色。

《核災法》是在東海村核輻射事故發生後，以此為戒而制定的法律，就這點來看，事故的處理行動應該盡可能在事故現場附近進行較為適當，因此將當地緊急應變小組定位為主導核電廠事故的資訊蒐集、處理判斷的據點。但在這次的事故中，這個緊急應變小組的功能卻完全失靈。

《核災法》雖然設想到核能設施發生意外的狀況，但卻假設核能設施以外的場所一切如常。然而這次是整個東日本發生意外，而發生意外的核能設施也在其中。

首先，池田元久經產副大臣原本應該在現場指揮行動，卻因為地震造成的交通堵塞，導致抵達的時間大幅延遲。不只經產副大臣遲到，當地的自治團體在派遣職員前往緊急應變小組會合時，也因為當地是地震與海嘯的災區，人員完全無法順利集合。

地震造成停電、通訊線路不通、道路寸斷，導致無法聯絡該來的人，即使聯絡上了，也有人因為路況問題而無法前來。原本周邊的六個町村都應該派遣人員，但實際派遣的只有大熊町。說得更詳細一點，就連緊急應變小組本身，都因為停電導致通訊設備無法使用。

結果，緊急應變小組在這次事故的初期階段，無法發揮預期的功能。於是當地的應變小組在十五日轉移到福島縣廳。

根據法律規定，當地緊急應變小組也必須負責決定避難區域等事項，並呈報給擔任指揮官的首相，由首相對下面呈報上來的內容做出裁示。但當時並不存在由下而上的「下」，這麼一來只能上意下達。不，就算要下達，也沒有可以傳達的單位，只能由上層（官邸）自己來做。

## 核能安全保安院是什麼樣的組織？

核能安全保安院終究只是核電廠與其他能源設施的安全檢查機關，作為事故發生時的專門應變機關，在體制上仍有諸多不足。《核災法》對核能安全保安院的主要要求在於：從事日常任務延伸而出的資訊蒐集任務，並提供應變指揮官（也就是首相）技術方面的建議。

我個人也有身為政治家的責任。日本雖然有五十座以上的反應爐，卻沒有任何專門應變核能事故的國家級組織。警察與消防沒有這樣的準備，自衛隊的中央特殊武器防護隊雖然可應付核武攻擊，卻不曾直接受過平息核電廠事故時的訓練。

國家沒有平息核能事故的組織，是因為人們認為不會發生事故。如果建立了這樣的組織，政府就會假設事故發生的可能性，阻礙核電廠的建設。

我原先以為，核能安全保安院的職員，理應以核能專家為中心。根據我擔任厚生大臣與財務大臣的經驗，官僚就是某一領域的專家團體。譬如厚生勞動省是集結了年金、醫療、照護的專家團體，財務省則是稅務與金融的專家團體。因此核能安全保安院，當然也應該是關於核能安全的專家團體。

但是當核能安全保安院長寺坂信昭前來官邸向我說明時，我卻覺得聽起來有點奇怪。一般而言，說明者在進行說明時是否充分理解內容，一聽就知道，而我完全無法理解寺坂院長所說的話。於是我問他：「你是核能的專家嗎？」他也坦率回答：「我是東大經濟學院畢業的。」

核能安全保安院隸屬於經產省的附屬機關資源能源廳，並且被定位為「特殊機關」，雖然第一線的職員是專家，但管理職卻由經產省的精英官僚就任。寺坂院長是經濟官僚，雖然清楚經濟方面的知識，對於核能卻相當外行。

我認為核能安全保安院的院長應該由核能專家就任，退一萬步來說，就算院長本人不是專家，前來向首相說明時，也必須由專家陪同。尤其這次發生了這樣的重大事故，我想知道反應爐今後會發生什麼狀況，充分檢討爐心熔毀的可能性與實施防範對策，所以來說明的人如果不是專家，就毫無意義。

我的意思並非自己碰巧是理組出身，所以想與其他理組官員對話。政治家多半是文組，如果無法提出讓核能外行人也聽得懂的說明，只會徒增困擾，最後將演變成「無論是發問的政治家，還是回答的保安院院長，都不清楚詳情」

的狀況。

後來取代寺坂院長前來官邸說明的保安院次長，雖然是技術型官員，卻也不是核能專家。直到事故發生後的第三天，經產省能源廳的節能與新能源部長安井正也，才以核能專家的身分調任保安院代理職務，負起向我們說明的任務。

## 電源車的確保與運送成為首要之務

這次的重大事故發生之初，就頻頻出現身為業者的東電無法單獨處理的問題。我們除了要求東電的武黑一郎研究員報告現狀，也詢問他我們可提供的協助，而他回答：「我們最需要的是電源車。」

為了應付所有電源喪失的狀況，原本應該在高台上準備緊急冷卻裝置所需的電源，但福島第一核電廠的緊急用柴油發電機放在地下室，已經因為海嘯進水而無法使用。

根據東電當時的說明，如果電源車立刻抵達，緊急冷卻裝置就有充分運作時間，而我們就能在這段時間修復原本的電源。

東電的好幾座設施都備有電源車，這些電源車已經往當地出發，也已經向東北電力公司提出支援請求。福山哲郎內閣官房副長官等人也與防衛省取得聯繫，出動自衛隊，盡可能將更多的電源車送往福島。

若是平時，東電想必也能聯絡自己公司的其他發電廠，確保電源車的運送。但就如同前面所說的，當時道路狀況奇差無比，連準備前往福島緊急應變指揮中心的經產副大臣都因為交通堵塞而動彈不得。不只市中心嚴重堵塞，災區道路也極有可能陷落或因土石流而寸斷。至於高速公路則禁止一般車輛通行，電源車難以使用一般方法運送。

為了順利運送電源車，需要警察與自衛隊協助開路。但在狀況已經夠混亂的時候，東電即使聯絡警察也難以被受理。這時必須由應變指揮中心，也就是官邸直接出面，將「運送電源車」視為國家第一優先的緊急事項，充分運用警察與自衛隊等組織。

任何人都知道，冷卻反應爐需要電源，如果無法冷卻將導致爐心熔毀。

盡早將電源車送到當地，是這個時間點上最優先的課題。既然核能安全保安院等原本應該運作的部門無法發揮作用，就只能由包含我自己在內的官邸直接指揮。

地下室危機管理中心一角的樓中樓，有個約可容納十人的小房間（以下簡稱「樓中樓」），為了方便同時接收地震及海嘯應變與核電廠事故兩方面的聯絡，原本核電廠事故相關事宜都在這裡處理。但是此處只有兩台電話，手機則以危機管理為由而無法使用，於是我只好在五樓的首相辦公室進行接洽。其他政務人員等原本都在樓中樓，但後來也都聚集到五樓，於是首相辦公室成了實質上的應變指揮中心司令室。

職員將白板搬進辦公室，在上面標註從各地趕往第一核電廠的各台電源車目前所在位置。過沒多久，白板就寫滿了電源車在「〇點〇分，通過〇〇交流道」的文字，變得一片黑。

不知道在哪個時間點上，有人提議出動自衛隊的直升機，從空中運送電源車。於是我就徵詢了從防衛省借調過來的祕書官意見，後來也與美軍討論，但電源車太重了，這個辦法並不可行。

晚上九點過後，我們接到了第一輛電源車抵達當地的消息。接獲報告時，首相辦公室內發出一片歡呼。這種感覺就像在世界盃或奧運的足球賽中進了球一樣。當時所有人都覺得，這麼一來就能阻擋事故擴大，避免危機。

但是，歡喜只有一瞬間。

後來才知道，抵達的電源車因為插座規格不合而無法插上電源，且電纜長度不足，電源盤無法使用。因為這些問題，拚了命調派的電源車根本無法發揮作用。東電是電力方面的專業組織，卻沒有事先確認電源車是否可以接上，這點委實讓我們錯愕不已。

## 決定降壓與避難指示

我與海江田經產大臣、細野輔佐官、東電、安全委員會、保安院相關人員，從晚上九點左右，開始在地下室的「樓中樓」針對居民的撤離進行協議，而後決定避難方針：福島第一核電廠半徑三公里內的居民統統撤離，三公里到十公里內的居民在屋內避難。

應變指揮中心在晚上九點二十三分發布「半徑三公里內居民必須撤離」的

指示，但後來才知道，福島縣早已在晚上八點五十分左右，自行指示半徑兩公里內的居民撤離。福島縣廳與應變指揮中心顯然缺乏合作意識。

枝野幸男官房長官在晚上九點五十二分的記者會上，向國民宣布：已經對半徑三公里內的居民做出避難指示。

晚上十點四十四分，官邸的危機管理中心收到了保安院對二號機的預測報告。根據預測，二號機的爐心將會在晚上十點五十分露出水面，燃料護套將會在晚上十一點五十分破損，午夜十二點五十分將發生燃料熔毀。情況非常嚴峻。

## 三月十二日・星期六

### 首要之務：盡速讓反應爐降壓

過了午夜十二點，日期轉換成三月十二日星期六。從十一日開始，一連好幾天，我都不知道今天是星期幾，甚至失去了今天或昨天的概念。這種毫無間隔、綿延無盡的時間感，持續了好久。

我與美國總統歐巴馬熱線會議的時間是午夜十二點十五分，我記得是在會議之後，向岡本健司祕書官與寺田輔佐官下達命令：「一到早上，就得前往福島，快點做好行前準備。」

保安院原先評估二號機比較危險，但在這個時間點上，一號機的情況更加危急。午夜十二點六分，人在當地的吉田昌郎所長已下達一號機準備降壓的指令。

我從東電得知他們想讓反應爐降壓的要求後，便於凌晨一點後召開會議。武黑等人、班目委員長、海江田大臣、枝野官房長官、福山副長官、保安院的平岡英治次長都在場，我們對於反應爐降壓一事沒有半點猶豫，應該說，我們都覺得這件事愈快進行愈好。就我所知，只要讓反應爐降壓，就能避免爆炸；只要電源車能在這段與時間賽跑的期間內開始運作，讓冷卻功能重新上線，就能避免最糟的情況發生。

我問還要多久才能開始降壓，武黑等人回答：「還需要兩個多小時，一切才能準備就緒。」我心裡便有個底，大概凌晨三點可以開始降壓。

雖然早在前一天的晚間九點二十三分，就下達了周圍半徑三公里的區域緊急避難的指示，但反應爐的壓力已比下達指示的時候更高。此外，即便電源車都已經就位，但沒辦法接上幫浦，冷卻功能也無法修復，情況持續惡化。

我與枝野官房長官、海江田大臣三個人，以「凌晨三點開始降壓」為前提，分別準備召開記者會。到了三點六分，海江田大臣與小森明生東電常務於經產省召開記者會，三點十二分，枝野官房長官則於官邸召開記者會。枝野長官也在記者會宣布，我會在早上六點十分前往福島視察。到了這個時間點，接下來的行程已經確定：一開始先前往福島第一核電廠，接著再飛到遭受海嘯侵襲的地區上空視察。（這雖然是題外話，不過即使在這非常時刻，首相仍得依照事前訂立的行程表採取行動，沒有臨機應變的餘地可言。）

## 首相究竟該不該視察災區？

除了觀察地震災後的情況，我也想要前往福島第一核電廠視察。說起來，我的個性中本來就有「凡事親赴前線了解狀況」的一面。我認為，身為領導人，必須用自己的雙眼確認現況再下達指示。這不代表我不相信部下的報告，而是我的判斷會影響國民的生命與國家的命運，因此親自到現場釐清狀況，自當為最重要的事情。

說到底，我對當地的情況一無所知，也不知道官邸的指示是否確實傳達到當地。雖然東電已派人來官邸報告，但他們卻無法立刻回答我們提出的任何問題，得等上一段時間才能得到答案，如果再繼續追問，又得等上一段時間。訊息從現場傳至東電總公司，再從總公司傳至保安院，接著從保安院傳至官邸，或是從總公司傳至人在官邸的東電員工——這樣的「傳話遊戲」持續了好一段時間。如果話傳得正確還無妨，但傳話的過程中，很可能會漏掉重要的訊息，或是不小心傳錯話。

因此我決定親赴核電廠，直接詢問當地的負責人，哪怕只能短暫停留都好。

對於到當地視察這件事，官邸的工作人員希望我三思而後行，印象最深刻的是枝野官房長官對我說「恕難贊同」這句話。我想，他反對的理由並非最高指揮官離開官邸，會衍生出其他實務上的問題，而是擔心我之後會遭受政治上的批判，換言之，枝野長官擔心我的政治風評變糟，但我一點也不在意自己的風評是好是壞，只是一心覺得必須到現場一趟，用我的雙眼與雙耳了解現況。

另一個風險是，到現場視察，我個人也可能曝露在核輻射之下，更何況爆炸的可能性不是零，但我當時的想法是，就算此時出現急性輻射症狀，也不至於影響身為首相的工作。當然，這樣的想法缺乏嚴謹的科學佐證。

災難發生時，首相該在何時趕赴災區？這道問題總是備受議論。如果時隔幾天才去，常會被批評「現在才來幹什麼？」如果事發當下就前往現場，也會被批評「災區正處於一片混亂，首相來了只會徒增麻煩」。一般大眾的意見其實也分成兩派，一派認為危急之際，指揮官應該壓陣指揮；另一派認為，指揮官應該指揮若定，對部屬下達指示就好。

一如枝野長官的擔憂，我到當地視察後，的確受到了國會的攻擊，但我仍然相信當時的決定是正確的。正因為我在這個階段前往當地視察，才有機會見到在當地負責指揮的吉田所長，進而明白當地與東電總公司之間溝通不良，也才能在十五日的黎明時分闖進東電總公司。此外，這次的視察原本只會在福島第一核電廠降落，但我也想從直昇機俯瞰整個災區的情況。當時從海嘯災區傳出來的消息很少，鎮公所或村公所這類公家機關都已淪陷，也有不少地區失聯。雖然我也看到了電視上的畫面，但不親眼目睹，很難感受災害的規模。

凌晨五點左右，我進入位於官邸地下室的危機管理中心。

福山副長官立刻報告：反應爐還沒開始降壓。這讓我十分震驚，因為我以為反應爐早就開始降壓了，我後來才知道，原來降壓所需的排氣閥得手動操作才能打開，但現場的輻射量過高，所以無法操作。

我問班目委員長：「若無法啟動排氣閥，會發生什麼事？反應爐的圍阻體會不會爆炸？」班目委員長回答：「可能性不為零。」

聽到這段對話後，枝野長官與福山副長官立刻建議：「避難區域要不要擴大到半徑十公里？」我接納了這項建議。根據記錄，這時為凌晨五點四十四分。

避難區域一開始只有半徑三公里，但後來因為擔心降壓不及而爆炸，所以將範圍擴大至十公里。

## 宛如戰地醫院的災區景象

早上六點十四分，我從官邸屋頂搭乘自衛隊直昇機出發。

機上還有核能安全委員會的班目委員長同行，所以我趁機問了許多問題。當時我隨身攜帶筆記本以便記錄，但印象最深刻的是，當我問到「有沒有可能發生氫爆」時，委員長斷言：「氫氣就算漏到圍阻體層也不會爆炸，因為圍阻體之內都是氮氣，沒有半分氧氣。」

之前東電的員工、保安院的職員對於這個問題都只回答「不知道」，讓我們這群政治家急得像是熱鍋上的螞蟻一樣，但聽到班目委員長充滿自信地回答「不可能爆炸」後，我便放心了。只可惜，這個答案大錯特錯。

抵達福島第一核電廠的時間是七點十二分，從出發到抵達現場，約莫一個多小時。

直升機降落在狀似運動場的地點，我們一行人鑽進事先備妥的巴士，東電的武藤榮副社長與當地應變小組組長池田經產副大臣也一同搭乘。池田經產副大臣一直到了深夜才好不容易抵達現場，在這次的救災行動中，設置於當地的應變小組無法發揮作用，這也是法律規範未及之處。

武藤副社長就坐在我旁邊，所以我立刻詢問：「為什麼無法降壓？」沒想到武藤副社長居然支支吾吾地答不上來，讓我忍不住厲聲怒吼。

的確，我當時真的急得五臟俱焚，當下我充分明白，這次意外很可能演變成國家存亡的危機，能不能避開這次危機，端看能不能順利降壓。我們憂心忡忡地來到現場，卻只聽到本該指揮一切的副社長如此含糊其詞的回答。他要是能清楚說明為何無法降壓的話，倒也罷了，但就是這種不清不楚的回應，逼得我聲音也大了起來。

過了一會兒，我們抵達免震重要棟[11]。免震重要棟的入口是雙層構造，我們一走進第一扇門，便聽見一陣咆哮：「快點進來！」

原來，這裡早已宛如戰場。

走廊擠滿了工作人員，很多人直接睡在地上，有些人裹著毛毯，有些人則打赤膊，但幾乎所有人的眼神都是渙散的。

11 譯註：具抗震與輻射屏蔽功能的建築，是核電廠的管制中樞。

我心想，這裡簡直是戰地醫院。

免震重要棟已經變成現場工作人員下班休息的場所，在如此惡劣的環境下，他們依然熬夜工作。

太多人躺臥在地上，走廊只剩下讓一個人通行的空間，我們在現場人員的帶領下往前走。

會議室位在二樓，於是我們打算沿著樓梯走上去，卻不小心排到某個隊伍的尾巴。一開始還以為只是人太多而無法往前移動，且隊伍旁邊也沒有可以回旋的空間，所以只好暫時跟著排，之後才知道，這是工作人員測量輻射量的隊伍。當時我真的覺得，除了要好好處理這次的意外，更要確實兼顧工作人員的安全。

我大聲喊道：「現在狀態怎麼樣？我沒時間排隊了，我是來見所長的！」然後撥開排在前面的工作人員往前走，找到通往二樓的樓梯。

有人領我走進房間，裡頭有張巨大的螢幕與桌子，桌子上面攤著第一核電廠的地圖。隨後，吉田所長也進入房間。

## 組織敢死隊——吉田所長的決心

吉田所長與我之前在官邸接觸過的東電員工截然不同，他簡潔說明了狀況：「如果要用電動的方式降壓，還得等上四小時，所以希望能在一個小時內決定是否採用手動降壓。」

原先訂定凌晨三點降壓，現在卻已經比預定時間晚了四個小時，接下來甚至還得再等上四小時。說到底，當初指出「必須馬上降壓」的也是東電。

「沒辦法等那麼久，不能早點降壓嗎？」

當我這麼一問，吉田所長便說：「那就得組織一支敢死隊。」相較於什麼事都交代不清的副社長，這位所長顯然很不一樣。

儘管冒著可能遭受批判的政治風險，以及暴露於輻射之下的健康風險，當時趕赴現場的最大收穫，便是有機會了解負責指揮現場的吉田所長到底是何方神聖。

震災發生後，我一直無法收到任何確切的資訊，也不知道官邸下達的指示是否確實傳到現場的人員耳中，更不曉得這些指示是否能夠完整傳達。要下達判斷，就必須確實將指令傳達給當事人。由於無法釐清這一點，所以我才想直接到現場確認。

班目委員長所下的判斷，也不是基於現場視察的結果。聽說他曾去過福島第一核電廠，但那也是好幾年前的事了，我不知道核能安全保安院對核災現場有幾分掌握。就連最該提供第一手資訊的東電，也是透過許多人的傳話，才將資訊從現場送至官邸，所以不管怎麼問，都不知道是誰在做決定，負責人又是誰，一切彷彿都在匿名的狀態下進行，直到見了吉田所長，我才感覺自己總算不是跟匿名人士談話了。

## 從上空視察海嘯災情

根據紀錄顯示，直升機從福島第一核電廠起飛時間是上午八點五分，我在福島第一核電廠待了快一個小時。

這段期間內，七點四十五分，第二核電廠也因為反應爐的壓力失控而發出警報，周圍半徑三公里在此時被指定為撤離區域，三至十公里之內的地區則被指定為屋內避難區域，這項決議是在視察第一核電廠的過程中定案的。第二核電廠的三組輸電系統因為地震而震斷兩組，反應爐的冷卻功能又因海嘯停擺，最終雖然沒有爆炸，所有反應爐也在十五日進入冷卻狀態，但還是不能掉以輕心。

我搭乘直升機飛離福島第一核電廠之後，便從上空視察宮城與岩手這兩處災區。

此次視察不僅讓我得以親眼確認福島核電廠的情況，更能掌握海嘯災區的狀況，雖然只是在上空視察，卻讓我更清楚後續該怎麼因應。

當然，我先前已經透過電視畫面了解地震與海嘯造成的災情，但那畢竟僅是片段畫面，直到親眼以三百六十度的角度視察災情後，才真正了解災情到底有多嚴重：沿海地區已陷入海中，分不清海洋與陸地的邊界。

我原本打算著陸視察，但這麼一來，當地就得準備迎接我（我當然不希望如此，但首相一去，就一定會變成這樣），也很難在中午之前回到官邸，所以只能盡量沿北上的方向飛行。

得知這次的災情幾乎都是海嘯造成之後，我再次體認到，務必出動所有資源來救災。回到官邸後，我立刻與北澤防衛大臣商量，決定指示自衛隊出動五萬人。前一天我已先探聽了加派人力的可能性，而此時已確認可以派出五萬人支援，所以才下達出動五萬人的指令。不過，最後我又拜託北澤大臣額外再加派人手，我知道這是無理的要求，沒想到大臣居然一口答應，還與防衛省幹部協調，在隔天——也就是十三日當天，動員了十萬人展開救援活動。自衛隊的總兵力約有二十四萬人，所以這是一半左右的人力，也是在關東地區發生大型災害的情況下可動員的最大人力。拜平日扎實的演習訓練所賜，這次才能如此迅速動員。

回到官邸已是十點四十七分，一進入執務室，我便告訴前來迎接的福山副長官：「吉田所長是個值得信賴的人，我和那個男人的溝通相當良好。」對我而言，此次災區視察確實收穫良多。

## 看電視才知道核電廠爆炸了

如同吉田所長曾說過的：「就算得組織敢死隊，也要讓反應爐降壓。」降壓作業看來已是勢在必行。即便如此，官邸仍遲遲未收到成功降壓的消息。

下午二點三十分左右，圍阻體減壓成功，放射性物質雖有部分外洩，但危機正步步解除。得知這樣的消息後，我稍微放心了一點。

但後來的東電報告與政府事故調查結果都指出，從十一日晚上八點開始，一號機的燃料就往壓力槽的底部下沉，證明爐心已經開始熔解。因此，十二日下午二點半發生的壓力下降現象，可能是因為降壓成功，但也可能是因為爐心熔解，無從得知真正的原因。

三點開始，執政黨與在野黨黨魁召開會議，最後達成共識：朝野必須合力振興災區。會議結束時，已超過四點。

沒想到這時收到了伊藤危機管理監的報告：「福島第一核電廠傳出爆炸聲，正不斷地冒煙。」不過，伊藤危機管理監似乎也沒能得到確切的資訊。我決定在首相辦公室聽取報告，班目委員長、福山副長官、下村健一內閣府審議官也列席。

過沒多久，又接獲情報：「核電廠冒出的不是白煙，而是散落的黑色物質。」我叫來武黑質問：「現在到底怎麼樣了？」武黑回答：「目前還沒得到消息，我問問東電總公司。」隨後便打了通電話，接著告訴我：「總公司回答，沒聽到這些消息。」

我問班目委員長：「您覺得那白煙是什麼？」委員長語帶保留地說：「廠內有許多揮發性物質，可能是某個物質燒起來了。」這時，寺田輔佐官面無血色地跑進來說：「快打開電視！」

電視正在轉播一號機爆炸的畫面。

我震驚地說不出話來，只記得下村審議官不斷質問班目委員長：「現在是怎樣？這不是正在爆炸嗎？」而委員長掩面不語。

這不是什麼白煙。任誰來看，都知道那是爆炸。

福山副長官又問班目委員長：「這是車諾比類型的爆炸嗎？現在到底是怎麼一回事？」

後來才知道，正確的爆炸時間為下午三點三十六分，最先報導的是當地民營電視台，隨後日本電視台於下午四點五十分進行全國播放，我看到的也是日本電視台的畫面。換言之，距離發生爆炸已過了一個多小時，我卻沒從東電或保安院那裡接到任何報告，而日本電視台也花了一些時間確認從福島的地方電視台收到的影像，所以才遲遲無法播放。

我指示祕書官：「盡快呈報相關資訊！」

明明電視都在轉播了，東電與核能安全保安院居然還沒傳來任何報告，枝野官房長官預定召開的記者會已迫在眼睫，一號機爆炸已是所有國民，不，是全世界都知道的消息，但我們就算想告訴國民是怎麼一回事，手邊卻沒有任何資訊，而要是把記者會的時間往後延，恐怕國民會陷入更大的恐慌。枝野長官說道：「由我來召開記者會。」我回答：「就交給你了。」

記者會上，枝野長官婉轉地描述了「爆炸的現象」後，飽受外界猛烈批評。但只要東電或保安院沒有呈上「爆炸」的正式報告，政府的應變指揮中心就不能斷定核電廠已經「爆炸」。

## 為什麼我們選擇分段擴大避難區域

下午五點四十四分，福島第一核電廠的避難區域已擴大至半徑十公里的範圍；第二核電廠的避難區域也在我視察第一核電廠之際，於早上七點四十五分宣布為半徑三公里的範圍，三至十公里內則採取屋內避難。但到了下午五點三十九分，第二核電廠的避難區域也宣布擴大為半徑十公里，這是因為第二核電廠很可能與第一核電廠一樣，出現爆炸之虞。

避難區域擴大的指示，也由枝野長官在這時的記者會上發表。

過了一陣子之後，有報告傳入官邸，指出爆炸的不是一號機的圍阻體，而是反應爐廠房，此外，爆炸的種類為氫爆，而不是核爆。

我質問班目委員長：「不是說不會發生氫爆嗎？」而他回答：「不，我說不會氫爆的是圍阻體，不是反應爐廠房。」

福山副長官的著作《核電廠危機：來自官邸的證言》（暫譯）指出，班目委員長後來自承：「光是處理圍阻體的問題就忙得團團轉，完全沒想到氫氣流入反應爐廠房後會爆炸這件事。」

緊接著，晚間六點二十五分宣布，第一核電廠的避難區域擴大至半徑二十公里。

雖然這時候還未能查明一號機爆發的原因，但二號機、三號機也陷入危險狀態，所以決議擴大避難範圍。

當時曾有人質疑為何分段式擴大避難範圍，理由就在於，當半徑擴張三倍，面積將會擴張九倍。若以這次的情況來看，以第一核電廠為中心，住在半徑三公里內的居民有五八六二人；一旦擴張到十公里，居民總數就會超過五萬人；擴張至二十公里，該範圍的居民就超過十七萬人。

如果一開始就宣布避難區域為十公里，命令該區域內所有居民同時移動的話，那麼住在核電廠附近的居民很可能來不及逃難。所以只能讓狀況最危急的半徑三公里內居民先行避難，等到這個區塊清空後，再擴張至十公里，最後再擴張至二十公里。其實採用這種方法的問題也很多，例如居民必須從一個避難地點移動至下一個避難地點，造成不少混亂與負擔。

當時我不禁開始思考，再這樣下去，避難範圍到底該擴大到什麼程度才夠。從影像中觀看第一核電廠的構造圖後，我發現從一號機到四號機全部緊密相鄰。由於這幾座核電廠的建築體積都相當龐大，雖然不至於讓人產生「密集」的印象，但正因為體積大，更讓人覺得彼此相隔過近。

我開始擔心，一旦一號機的爐心熔解，高劑量的放射性物質外洩，屆時不但無法接近一號機，就連旁邊的二號機恐怕也難以越雷池一步，最終可能發生惡性的連鎖反應，連帶危及三號機與四號機。

福島第一核電廠共有六座反應爐，每座都有各自的核燃料池，若加上共用的核燃料池，總共有七處。若根據該處已用畢的核燃料的量來計算，說不定連東京都得畫入避難區域吧？若事態真惡化至此，到底該如何讓民眾避難呢？粗略估算一下，單是東日本地區的居民就約有五千萬人，其中還包含三千萬名首都圈居民。就算真能成功讓五千萬人避難，之後，日本還是個國家嗎？

「最糟的劇本」這句話，不禁自腦海浮現。

## 「注入海水」的真相

一號機的反應器廠房爆炸後，班目委員長便提出「讓海水淹沒反應爐」的建議，阻止一號機的狀況惡化。

事後有人質疑，宣布「停止注入海水」的人正是我本人，而這一點也在國會質詢時成為議題焦點，以下將詳細記錄「注入海水」計畫的來龍去脈。

先講結論：我和官邸的政治家皆從未指示停止注入海水，反而還下達了

「盡快注入海水」的指示。

晚間六點前，我與海江田大臣、班目委員長、保安院幹部、東電的武黑高層達成協議，此時專家之間也形成共識，認為要冷卻反應爐，必須使用海水，因為淡水會蒸發。

對此，我沒有任何異議，但還是提出了幾個問題，畢竟先前曾保證不會發生的氫爆都已經發生了，我想先釐清一些有疑慮的部分，例如「注入海水後，反應爐會不會被鹽分侵蝕？」等問題。

我也很在意「再臨界」的問題。再臨界是指核燃料在熔解為一定體積的塊狀後，再次引起連鎖反應的狀態。根據核燃料熔解後的剩餘量與形狀，有可能造成上述的危機，所以我提出了對於「再臨界」的疑慮，班目委員長回答：「可能性不為零。」我把班目委員長當時的發言理解為「有可能發生再臨界危機」。

於是我說：「距離注入海水還有兩個小時，期間若發現鹽分會造成影響，或是有可能爆發再臨界危機的話，就注入硼酸，讓中子被吸收，應該就比較不會發生再臨界的問題，請各位務必先考慮這項處理方式。」語畢，便離開了協議會場。

我從未說過「待會」或「停止」注入海水。由於再過兩個小時，就會面臨不得不注入海水的局面，所以我要求班目委員長與保安院在走到這步之前，多想想其他的對策——我只下達了這樣的指示。此外，我也沒說過「注入海水就會發生再臨界」這種話。我當時的意思是希望在場人士能進一步探討「注入海水之後，會不會因為鹽分造成不良影響」與「再臨界危機爆發的可能性與解決方案」等問題，沒想到後來居然被曲解成其他的意思。

後來我才知道，海水是從晚間七點四分開始注入，而且從來沒人向我報告這件事，武黑等東電高層也是在受到我的請託後致電吉田所長，才知道已經開始注入海水。當時武黑等東電高層告知吉田所長：「還未得到首相的許可，等等再注入海水。」接著與東電總公司取得聯繫，再由總公司對吉田所長下達「中斷海水注入作業」的命令。不過，吉田所長只是假裝從命，仍繼續注入海水。

我對東電這些舉動一無所悉。七點四十分左右，細野輔佐官捎來福島第一核電廠輻射劑量監控資料。我從這份資料得知，爆炸瞬間的輻射劑量最高，後來則逐步遞減，由此可知，這場爆炸實為氫爆而非核爆。

看來並不是最糟的情況。

拿到這份報告後，便開會討論是否要注入海水。會中提到「加入硼酸，就不會發生再臨界的問題」，於是不知道早已開始注入海水的我，便於晚間七點五十五分下達注入海水的指示。

容我重申一次，此時注入海水這項作業早已進行了五十多分鐘。

而且後續的驗證指出，爐心早在前一天（十一日）晚上八點熔解。

## 前所未有的國難——致國民的訊息

大地震發生至今已過了一天半，面對這場自第二次世界大戰後日本未曾經歷過的國難，我決定在晚上八點半，向日本國民宣布災難相關的消息。首先，我強調政府將全力援救在海嘯遇難的國民，接著也說明了福島第一核電廠爆發的「最新狀況」，同時希望國民能配合避難，最後則呼籲所有國民齊心協力，一同度過這場國難。

這段演說的摘要如下。

「今天早上六點，我搭乘自衛隊的直昇機抵達災區視察。第一個目的地是福島第一核電廠，我已從現場相關人員口中了解狀況。

接著，我搭乘直昇機，從上空視察了仙台、石卷及周邊地區。在這次的視察中，我發現由本次地震引發的大海嘯造成莫大災害。不管是昨天、今天還是明天，都必須先盡全力挽救人命，我也拜託北澤防衛大臣加派自衛隊人力支援，從二萬人擴增至五萬人的動員規模。哪怕只能多救一人也好，政府將會傾全力援救國民，尤其是今天、明天、後天的關鍵時刻，將會救援到底。

此外，許多避難的民眾已經前往避難所，所以除了飲食所需之外，時值天寒地凍之際，毛毯、暖爐及廁所等設備，政府都已盡全力送入災區，不管發生什麼事，我們都會與災民一同度過此次危機。

再者，想必不少國民關心福島第一核電廠與第二核電廠的現況。這次地震引發了前所未有的大規模海嘯，因此，雖然核電廠自動停止運作，冷卻反應爐的發電機也已經啟動，但還是在此時發生了問題。

因此，政府決定以居民的安全為第一考量。

後續官房長官會進一步為各位國民說明福島第一核電廠一號機的最新消息，不過隨著事態惡化，原先宣布的十公里避難區域，將進一步擴大為以福島第一核電廠為圓心的二十公里，在此請各位國民極力配合。

此外，政府正積極面對本次災情，全力保護每一位國民的健康安全，由衷敦請各位國民注意政府的報告與媒體的報導，冷靜配合一切行動。

這次地震可說是前所未有的國難，所以我在此要拜託所有國民，盡一己之力支援政府與相關機構，政府與相關機構也將竭盡全力，與各位國民一同度過難關。為了讓我們在未來能自信地說：『正因為度過了當時的災難，才有現在的日本』，請各位國民一同堅守崗位。身為首相，我也與大家約定，我必定盡心盡力拚命完成份內工作，還請大家與政府一同努力。由衷拜託大家了。」

晚上九點三十四分開始，我召開了緊急災害應變指揮中心與核能災害應變指揮中心的共同會議。

救出災民是極為重要的課題，避難所的建置也是當務之急。然而，部分地方政府的辦公大樓被震垮或是被大水沖走，連地方首長及職員也是受災戶，狀況難明。面對這場前所未有的大震災，我們連事件全貌都無從掌握。

身為面對這場災害的首相，最重大的政治判斷便是決定出動自衛隊，對此我沒有絲毫猶豫。地震發生後，我立刻請求北澤防衛大臣動員自衛隊所有人力，也請他立刻派出二萬名人力支援，最終從二十四萬名自衛隊隊員中派出了十萬名人力，北澤防衛大臣也於十四日搭乘直升機視察，親眼目睹海嘯那難以想像的威力之後，於日後的著作《日本必須要有自衛隊的理由》（暫譯）寫下感想：「幸好當時決議派出十萬名自衛隊隊員。」

## 尋求第二意見

說起來，首相並非於第一線執行公務的職位，首相最重要的工作其實是「思考」，也就是「進行決斷」。

災難當下，「核電廠意外的影響範圍會多大？」「該怎麼阻止範圍持續擴大？」這些問題占據了我大半的思緒。

應變指揮中心的會議結束後，我把就讀東工大時期的同學日比野靖請來官邸。其實前一天就與他聯絡上，但費了一番唇舌，總算讓他願意前來。

自從核電廠事故爆發後，我一直聽取來自核能安全保安院等組織的報告，但其實我一直想聽聽「第二意見」，也是這些組織以外的專家意見。所幸我的母校東工大設有核能研究所，其中有許多專家——雖然我無法立即確定那些跟我比較要好的同學裡，是否有研究核能的專家，但朋友的朋友中應該也有相關專家，於是我打算組一支能提供第二意見的智囊團。

我聯絡了事發前幾天剛好來訪的東工大同學日比野。日比野的主修是電子工學，長年任職於日本電信電話研究所，隨後投入學界，擔任北陸先端科學技術大學院大學副校長。早在學生時代，他就是個冷靜沉著的人，而且除了科學技術之外，更擁有廣泛的學識涵養，是個非常值得信任的人物。據聞他準備在三月從副校長一職退休，所以我便跟他提到，希望他能成為內閣官房的一員，負責科學技術事務。之後，我也邀請東工大原子爐工學研究所的有富正憲所長與齊藤正樹教授加入智囊團。後續也邀請知名企管顧問大前研一來到官邸，詢問他是否意願加入智囊團，可惜最後未能如願。不過大前先生給我的回應是，

「不希望立足於須遵受保密義務的立場，但以個人立場而言，願意予以協助」。

行政組織所提供的資訊，通常是相關人士協議後的結果，而非個人見解，所以往往曠日廢時且語焉不詳；反觀來自這些專家的建議，都屬於個人見解，而且迅速確實，真的幫了我非常大的忙。

## 三月十三日・星期日

### 睡在官邸的日子

擔任首相的期間，位於官邸建地內的「公邸」就是我的住處。這是由過去的首相官邸遷址改建而成的建築，我與妻子、八十九歲的母親一起住在裡面。從公邸的玄關到辦公用的官邸入口共一百一十步，但我沒什麼機會自行往返這段距離，因為首相幾乎不被允許徒步移動。「不被允許」聽來或許有些奇怪，但這是因為警備當局要求我搭乘汽車移動。首相向來鮮少為了會面而出門，若要與人面談，通常是請對方來官邸，平常的外出地點就是國會，而官邸與國會可說是近在咫尺。不過，即使這麼近，還是得搭乘專車前往。

由於公邸與官邸鄰近，一旦發生緊急狀況，也能在幾分鐘內趕到，但是直到在核電廠事故塵埃落定前，我都不曾回到公邸，只在官邸辦公室內側的會客室沙發睡覺。枝野官方長官等政治家、官員，這幾天想必也幾乎是不眠不休。

從十二日至十三日，我都在官邸過夜，但印象中僅是假寐，無法真正入睡。

早上八點左右，細野輔佐官拿著筆記本前來報告：三號機的狀況在深夜至黎明這段時間惡化。凌晨五點左右，原本正常運作的緊急爐心冷卻裝置無法繼續灌水，東電也傳來通報，說明三號機已進入核災法第十五條規定的狀況。十一日僅針對一號機與二號機的狀況進行通報，當時三號機的緊急冷卻裝置還能正常運作，但到了十三日黎明，該裝置已無法繼續灌水，爐心周圍的水已完全蒸發，爐心也陷入乾燒的狀態，筆記上記錄著「預測早上八點過後，燃料將熔毀」等字句。

幸好，早上九點半之前，細野輔佐官捎來報告：「三號機降壓成功。」反應爐的壓力正在下降。

## 東芝的救援物資無法送達

過了十一點，東芝公司的佐佐木則夫社長來到官邸。日比野於前一天晚上提到，負責製造反應爐的製造商應該更了解反應爐，所以不妨請來製造商，一同商討事故的善後。據說佐佐木社長也是核能專家，於是我立刻接受了他的建議。

在福島第一核電廠的六台反應爐中，東芝負責製造二號機、三號機、五號機、六號機這四台，其中二號機與六號機是與美國奇異公司共同製造，一號機由奇異公司獨力製造，四號機則由日立公司製造。

我詢問東芝佐佐木社長如何看待後續發展，他立刻回答：「二號爐、三號爐可能發生氫爆。」我又問：「在反應器廠房的天花板上鑿洞，可以排出氫氣嗎？」社長直言：「可能會因為火花而爆炸，用高壓水柱切開的話比較好。」

我與社長的對話簡單明快，和東電總公司及保安院真是截然不同。

我拜託佐佐木社長：「還請您謹慎以對了。」

結果社長立刻反應：「高壓線纜、低壓線纜、高壓變壓器、臨時配電板、水中幫浦等必要組件，已經從全國各地徵調至福島核電廠，也有部分器材運抵J—VILLAGE[12]，但後面的道路禁止進入，所以沒辦法運到核電廠。」

的確，避難區域是禁止進入的，警察會攔下車輛也是合情合理，但這明明是東電跟保安院打聲招呼後，保安院再將訊息傳至應變指揮中心就能立刻解決的問題，照理說，不是該由前導車開路協助物資運送嗎？內閣設立應變指揮中心的目的，應當是為了讓警察、自衛隊等全國組織之間合作順暢，沒想到應變指揮中心居然無法整合這些單位。

我立刻叫來祕書官，下達「讓東芝的車輛通行」的指示。

我的工作並不是站在第一線，而是負責做出最終決策，但現況是「沒有任

12 原註：J—VILLAGE為國立足球訓練中心，是由東電建造並捐贈給福島縣的建築。震災發生後，這棟建築物並未遭受波及，便挪為避難所之用。當避難範圍於十二日擴增至二十公里，此處便無法再作為避難所。十五日之後，由政府接管，作為陸上自衛隊直升機機隊輻射除汙的據點，十八日之後，作為政府、東京電力、陸上自衛隊、警察、消防隊因應核電廠事故的「現場整合中心」。我個人也於四月二十日與七月十六日親赴J—VILLAGE。

何報告傳進官邸，也沒有任何策略提案，根本無從得知現狀」，唯有當外部資訊直接傳入我手中時，才會知道現在情況如何。

此外，二〇一二年九月五日的《朝日新聞》指出，東電的後勤系統被檢測出無法正常運作。報導指出：「東電太慢徵調高效消防車及其駕駛人，也太晚將電池、燃料等相關物資運往現場，導致事態惡化，收購物資所需的現金也發生暫時不足的現象。如果能早一步徵調器材與人力，或許就能阻止二號機與三號機的爐心熔解。」《朝日新聞》在看過東電的視訊會議影像後，得到了這樣的結論。

我在讀這篇報導時，突然想起吉田所長曾說過：「總之，先給我武器再說吧！」我不確定吉田所長是什麼時候說這句話，只記得是在細野輔佐官打電話向我報告現場情況嚴峻時，聽到吉田所長這麼說。

《朝日新聞》的報導還提到：「救災所需的水、柴油、汽油、電池、消防車等資源，全部來不及運往大難臨頭的東電福島第一核電廠。更糟的是，能夠操作消防車及重型工具機的人，沒辦法由外包業者直接指揮。」

這不就意味著人在前線打仗的吉田所長，竟是赤手空拳的嗎？

## 缺席的東電領導人

下午一點，在日比野的介紹下，東工大的反應爐工學研究所嶋田隆一教授來到官邸。為他說明自十一日起的事件脈絡後，我便拜託教授傾東工大之力支援政府，教授也二話不說地應允了。嶋田教授丟下一句「我去召集核能專家」後，便去了一趟東工大，專門提供「第二意見」的智囊團似乎就此成形。我跟東工大的伊賀健一校長彼此相熟，遂撥了通電話給他，拜託他建立支援體系。

嶋田教授離開官邸後，一點四十五分，我總算見到東電的清水社長。事故發生當天，清水社長人在關西，勝俁恒久會長則在中國出差，東電的兩名領導人都在事故發生當日缺席。

下午，我繼續與各黨黨魁分別會談，也與各國元首進行熱線會議。

下午二點四十五分，我與自民黨的谷垣禎一進行黨主席會談，三點三十分，與韓國的李明博總統進行熱線會議，三點五十五分又與澳洲首相吉拉德進行熱線會議，四點三十分起，與社民黨的福島瑞穗黨主席會談，五點開始，與國民新黨的龜井靜香黨代表會談。

氣象廳發布十一日的地震規模高達芮氏九．〇。一開始發表的是八．八，所以是上修了。這次地震的能量約是關東大地震的四十五倍，更是阪神、淡路大地震的一四五〇倍，也是自一九〇〇年來，全世界地震規模的第四名。

當時預估會出現數萬名罹難者，即使自衛隊、警察、消防隊員拚命搶救與搜索，狀況仍不樂觀，「救援物資尚未運抵避難所」的消息也不斷傳出。雖然政府各機關已竭盡全力，卻仍力有不逮。

## 分區停電的突襲

另一方面，這天下午發生了另一個重大問題。地震於十一日周五發生，隔天與再隔天是周末，許多營業地點都休息，到了周一，幾乎未遭受此次地震波及的東京理應一如往常地營業，然而核電廠與部分火力發電廠都因為這次的地震與海嘯而停擺，東電的配電範圍很可能出現嚴重的電力缺口。一旦需求高於供給，就會造成大停電。東電提到，要避免大範圍停電，就必須輪流停電（分區停電）。

枝野官房長官與福山副長官對於東電建議的分區停電計畫展現強硬的態度，未對東電言聽計從，最終卻仍然陷多數國民與企業於不便。

為了因應這次分區停電，我任命蓮舫擔任行政刷新擔當大臣及節電擔當大臣，也請辻元清美議員擔任首相輔佐官，負責規畫賑災志工活動。

處理完上述事項後，我於下午五點四十九分召開記者會，發表了下列的談話：

「自地震發生以來，已是第三日晚上。我由衷為受災的各位國民祈禱，也非常感謝災區與各位國民在如此水深火熱的狀態下，仍能冷靜面對與採取行動，我想在此表達深刻的敬意。

昨天過後，政府今天一樣傾全力援救人命，在自衛隊、警察、消防隊員、海上保安廳的努力與來自外國的援助之下，目前已救出約一萬二千名民眾。

容我在此簡略介紹今天的救援體系。自衛隊將派出陸海空五萬名兵力救援，也建置了十萬名人力的救援體系。在警察單位方面，目前已有來自全國各地超過二千五百位警察進入災區救援，而消防隊、救難隊則已有超過一千一百隊進入災區，災害派遣醫療團隊也已有超過二百隊進入災區。從陸路運輸糧食、水、毛毯遇到諸多限制，所以目前正打算透過空運或海運的方式運入災區，目前也計畫進一步針對受災最為嚴重的災區增訂相關法律措施。

除了上述救援行動之外，各位國民最擔心的福島核電廠，目前處境仍十分嚴峻，這部分會請枝野官房長官進一步詳盡說明，還請各位國民諒解。在此有件事要請各位國民予以協助，福島核電廠與多處發電廠皆於本次災害受損，東電與東北電力公司配電範圍的電力供給也陷入極為艱困的狀態。

政府已對這兩間電力公司下達從其他公司盡力調度電力的指示，也希望各產業與家庭能一同節電。

然而，由於電網應無法在近日內立刻修復，光靠全體國民配合與努力，恐怕還是會出現供電不足、大範圍停電的問題。突如其來的大規模停電肯定會對國民的生活與經濟活動造成嚴重打擊，這也是我們極力避免的狀況。

為此，我要求東電自明日起，於配電範圍內實施分區停電計畫，細節將交由經濟產業大臣說明。我明白這將對各位國民造成極大的不便，卻也是必要之惡的決定。除了停電之外，停電計畫也可能對瓦斯、自來水及其他基礎設施造成影響，甚至可能影響到醫療與保健器材。

為了因應停電後的各種不便，政府已召開相關會議並提供相關的資訊，還請各位國民諒解，也希望能在本次分區停電之中，盡力守護各位國民的生活。

我認為本次的地震與海嘯及連帶引發的核電廠事故，是日本在戰後的六十五年之間，最為嚴峻的危機，我們日本人能否度過本次危機，端看每個日本人能否獻上一己之力。我們日本人在度過過去的種種危機之後，才得以擁有今日的和平與繁榮的社會，所以我一定會與各位國民攜手，一同度過本次大地震與海嘯造成的危機。我也深信，我們一定能一起度過危機。

在此敦請每位日本人貢獻一己之力，在加深與家人、朋友、地區的羈絆的同時，也能度過本次危機，一同打造一個更新、更好的日本。在此由衷盼望各位國民協助。」

晚上八點二十二分之後，我與民主黨仙谷代表代理人、岡田幹事長、安住淳國會對策委員長、輿石東參議院議長會談，也確定隔天與執政黨、在野黨幹事長的會談行程。隔天是周一，必須事先決定該如何進行國會審議。由於內閣正因震災與核電廠事故忙得焦頭爛額，所以希望國會審議愈簡單愈好，甚至提出休會的要求。不過，這時候還未能編列相關預算，所以希望預算能在年底編列完畢，同時也希望通過所謂的「延長法案」，讓三月底到期的稅率減輕法案得以暫時延長。

第三天就在上述的驚濤駭浪之中結束。

## 三月十四日・星期一

### 三號機爆炸

到了周一，各大公司行號開始營業。災區與首都圈以外的公司與學校一如往常地運作，而首都圈卻因分區停電而陷入一團混亂。

上午九點半過後，緊急災害應變指揮中心與核能災害應變指揮中心共同召開會議。在十一點前，正確來說是從十點五十六分開始，我與公明黨山口那津男代表開始會談。

十一點一分，三號機的反應器廠房爆炸，是與一號機相同的氫爆。

得知三號機爆炸的消息時，我人正在辦公室與山口代表會談。祕書官焦急地闖進門內大喊：「快看電視！」打開電視後，螢幕上是福島電視台攝影機所拍攝的畫面，我看到濃濃的黑煙直直往上竄升，馬上察覺煙霧的顏色很不對勁，因為一號機氫爆時，冒的是白煙。

三號機爆炸後，相鄰的二號機、四號機的狀況也開始惡化，鄰近的這幾座反應爐危機一觸即發。只要其中一座外洩大量的放射性物質，人員就無法靠近相鄰的核電廠；更有甚者，一旦其中一座反應爐爆炸，噴出的瓦礫可能會造成相鄰的反應爐廠損壞。為了追求效率而把多座反應爐建在同一廠區的結果，造成福島第一核電廠內有多達六座反應爐。如果六座都陷入無計可施的險峻狀況，最後到底會如何？腦海裡那幅模糊的地獄景象，慢慢地變得具體而清晰。

三號機與其他五座反應爐不同，採用的是鈽熱中子發電技術。一般的核電廠都是以鈾為燃料，但鈽熱中子發電技術則採用ＭＯＸ燃料發電：已用過的核燃料會在反應爐內部產生鈽，而這種鈽在經過處理後會再混入鈾裡，就是剛剛提到的ＭＯＸ燃料。前一天與社民黨的福島代表會談時，他曾叮嚀我：「三號機是鈽熱中子發電，要特別注意。」

我立刻下令召集所有相關人士。這時，保安院傳來「圍阻體沒有明顯破損」的報告，緊接著又傳來消息：「在現場負責注水作業的自衛隊隊員與東電員工中，有數人受傷」。消防車與水管都破損，往三號機注水的作業也被迫中斷。由於三號機爆炸時噴發了不少瓦礫，導致鄰近的二號機與四號機難以繼續進行相關作業。

雖然陸陸續續傳來現場的情況，但爆炸的原因還是不得而知。

從今天早晨開始，四號機的燃料冷卻池就不斷升溫，二號機也出現異常。

下午四點二十四分，我與反應爐製造商日立製作所的中西宏明社長會面，請他給予協助。燃料池出現故障之虞的四號機，是由日立所製造，所以我在見過東芝的負責人之後，又與日立的負責人見面。

前面已經提過，福島第一核電廠共有六座反應爐，自一九七一年三月開始運作的一號機是以美國奇異公司為主要製造商，之後為了提高國產率，由東芝與奇異進行技術合作，製造了二號機（一九七四年七月開始運轉）與六號機（一九七九年三月），由東芝獨力製造的是三號機（一九七六年三月）與五號機（一九七八年四月），四號機（一九七八年十月）則是由日立製造。但不管是東芝還是日立製造的反應爐，基本上都是以奇異的技術為基礎。

我後來才知道，原來一號機徹頭徹尾是由美國所設計、製造。當時簽訂的工程契約為「啟鑰統包[13]」（Turnkey），就跟買車一樣，只要插入鑰匙（key）、轉動（Turn）開關，機器就能開始運作。換言之，我們買進的核電廠，其實是完成品，並未考慮美國設計的考量與日本環境不同。

13 原註：現在的汽車族都是在駕訓班學開車，但很少人了解內燃機、動力傳達機制的原理，所以大部分的人都無法自行修理故障。以「統包」方式買賣汽車或許可行，但規模這麼大的核電廠居然也以這種方式買賣，真的是讓我難以置信。就我的認知而言，從國外移轉技術時，通常會邀請外國與本土的技師一同建造工廠，一起試運轉，等到一切就緒才驗收，沒想到東電與奇異簽的不是這樣的契約。從奇異獨力製造的一號機仍持續運作這點來看，恰恰說明了東電自豪的技術，完全派不上用場。我原本以為統包契約會是處理事故時的絆腳石，但根據調查委員會的調查結果得知，東電不願公開操作手冊，也是來不及救援的原因之一。最後是將有關奇異的智慧財產權部分塗黑後，才肯公開。

## 二號機的危機

到了下午，我繼續與各國領導人進行熱線會議。五點三十分起，我先與俄羅斯總統梅德韋傑夫會談；到了五十分的時候，與紐西蘭的凱伊首相會談。梅德韋傑夫總統在電話中提到，願意提供人道救援，也願意在能源面方給予協助；至於紐西蘭方面，雖然他們也在二〇一〇年九月遭受芮氏七．〇級的地震襲擊，更於二〇一一年二月遇到芮氏六．一級的大地震，至今仍未完全復原，卻仍願意協助日本賑災。

三號機爆炸後，意味著二號機也面臨危機。壓力不斷上升，導致無法將水注入內部，換言之，二號機正陷入無法冷卻的危急狀態。

簡單來說，二號機與一號機、三號機一樣，都因為地震與海嘯而失去電力，但還是能手動啟動反應爐爐心隔離冷卻系統（ＲＣＩＣ），得以注水冷卻，當時才優先讓一號機降壓。沒想到十二日下午，一號機爆炸，造成二號機的電源車與線纜破損，無法繼續供電。到了十四日上午十一點，三號機跟著爆炸，二號機的抑壓室排氣閥故障，無法降壓，消防車與灌水水管也跟著破損，沒有其他方法可以注水，用來注入海水的消防車也因汽油耗盡而無法運作。日後的分析報告也指出，十四日傍晚六點過後，燃料棒開始出現破損。

二號機夾在率先爆炸的一號機與三號機之間，總共承受了兩次爆炸——這就是惡性連鎖反應的可怕之處。

就在遲遲無法注入海水的關頭，細野輔佐官接到吉田所長的電話，吉田所長在電話中提到：「這樣下去，恐怕遠水救不了近火。」當我聽到細野輔佐官的轉述，我一句話也說不出來。連吉田所長都已經流露懼色，可見目前已陷入相當危急的狀況。

六點二十二分，二號機的水位為負三千七百公釐，燃料棒已完全暴露，到了晚上十點五十分，二號機圍阻體的壓力異常上升，進入《核災法》規定的第十五條狀態。

一號機與三號機已經氫爆，二號機也陷入無法冷卻、燃料棒完全暴露的狀況，就連已經停止運轉的四號機，燃料冷卻池的溫度也節節上升，我所擔心的惡性連鎖反應已近在眼前。

不過，稍早還有些氣餒的吉田所長，這時又打了通電話給細野輔佐官，電話中提到：「還有努力的空間！」同時也傳來另一份報告，指出「目前已經得知，消防車無法繼續向二號機注水，是因為汽油耗盡。緊急加油後已讓消防車重新運作，目前已能繼續注水」。

細野輔佐官接到這通電話時，我人就在旁邊。當我接過電話，聽到吉田所長那句充滿決心的「還有機會挽救」時，我清楚感受到，災區現場的士氣仍然高昂。

## 三月十五日・星期二

### 我們不可能撤退

十五日凌晨三點，正當我在辦公室後方的會客室沙發上小睡時，祕書官叫醒我，說是海江田大臣來了。我立刻起床，走進辦公室。

印象中，現場除了海江田大臣之外，還有枝野官房長官、福山副長官、細野輔佐官、寺田輔佐官，氣氛非常低迷。震災發生後，氣氛原本就很凝重，但我想，再沒有比當時更加陰鬱沉悶的時刻了。

海江田大臣告訴我：「東電提出從核能事故現場撤退的申請[14]，該怎麼回應？現場已陷入十分艱困的狀況。」海江田大臣雖然沒有明言，但我聽得出，他的意思是「已到了不得不撤退的情況」。於是我這麼回答。

「你知道撤退後會發生什麼事嗎？一號機、二號機、三號機會全部完蛋，而且還有燃料冷卻池的問題啊！要是撤手不管，福島、東北，甚至是整個東日本都會完蛋，所以就算情況棘手，也必須要求他們繼續堅守現場。」

---

14 原註：國會事故調查的報告指出，當時東電並未打算「全面撤退」，所謂「全面撤退」是官邸單方面的誤解。對此，我的解釋如下。
關於「撤退」問題，我想吉田所長與現場的工作人員跟我一樣，都已決心堅守到底，但在東電公開的視訊會議中，清水社長與幹部曾提到「讓福島第一核電廠的主要人員前往第二核電廠避難」的打算。
清水社長也曾多次與經產大臣、官房長官通電話，兩大臣也的確接收到「東電想要撤退」的訊息，所以身為首相的我便以此為前提要求：不管發生什麼事，東電都不可從現場撤退。

## 覺悟

海江田大臣與枝野長官雖然早在前一天夜裡就拒絕東電撤退的要求，但是到了十五日，事態變得愈來愈嚴重後，便不得不把「撤退」納入選項之一。最後到了凌晨三點左右，情況終於演變為必須由首相下達最後判斷的棘手狀態。

當時我認為，如果事故愈演愈烈，避難區域恐怕得擴大至首都圈，屆時，日本這個國家就到了危急存亡之秋的地步。

這場事故當然非收拾不可，但恐怕得因此賠上寶貴的人命。

「工作人員、作業人員的性命為第一優先。」這樣的想法，在尋常時期自然是再正確不過。如果繼續待在現場，工作人員很可能遭受輻射汙染而有損健康，甚至可能因此危及性命——我很清楚現場環境就是這麼嚴峻。但是，一旦東電的作業員撤退，大量的放射性物質將不斷地從失守的核電廠外洩，最終連東京也難以幸免，東電總公司也將被畫入避難區域。

核能事故的可怕之處在於時間不會解決一切，反而時間拖得愈久，事態就愈嚴重。如果是發生在化學工廠的意外，只要等到能燒的東西燒盡，火也會跟著熄滅，但是核能事故的火不會熄滅；此外，化學工廠事故雖然會形成有害物質，一時間也的確會造成大範圍傷害，但終究會被大氣稀釋，慢慢地轉為無害物質，可是放射性物質的毒性不會被稀釋，因為鈽的半衰期為二萬四千年。

所以，沒有撤退這個選項。

沒有人希望如此，但這已經是一場戰爭，一場人類與反應爐的戰爭，人與核能的對抗，日本已被核能這眼不能見的敵人占領。一旦在戰線上稍有退讓，想重振旗鼓再戰，放射性物質的外洩量將比現在更高，要接近反應爐也更加危險與困難。此外，全面撤退意味著放任東日本淪陷，屆時日本也將國不成國。

當年蘇聯爆發車諾比核災時，蘇聯軍方組織了敢死隊，負責建造滅火用的石棺，當年約有三十人因為急性輻射症候群而死，據說實際的死亡人數遠高於三十人，但這畢竟是蘇聯的內幕，實情不得而知。可以說，蘇聯握有完全服從命令的軍隊，所以才有辦法收拾當年的核災。

賭上性命，真能就此收拾這場災難嗎？即使賠上人命，日本是否依然難逃滅亡一途？其機率或許各為五成。這並非意指日本有五成的機率獲救，而是在說，得救與滅亡的機率就像銅板的正反兩面一樣，緊緊相倚。

我雖沒把這份覺悟說出口，但其實我沒有別的選項可選，因為我們絕不能坐以待斃，只能挺身奮戰，這是一場我們與反應爐這個敵人、與核能這個看不見的敵人的戰爭。日本已被放射能所占領，而且敵人並非外來的侵略者，而是由日本親手製造，所以我們當然不能不戰而逃。

## 宣布設立統合應變指揮中心

我一說出「不可能撤退」，海江田大臣與現場的其他人立刻點頭贊同。

緊接著我向在場所有人勉勵：「我們還有機會挽救不是嗎？」伊藤危機管理監說：「我們應該組織敢死隊，好好努力一番。」伊藤管理監曾任警視總監，是危機管理的頂尖專家，看來他已經充分明白，一旦東電撤退，日本會面臨什麼下場。此外，保安院與核能安全委員會派來的成員也認為「事情還有轉圜的餘地」。

我立刻下達指示，要東電的清水社長立刻來一趟，同時也這麼告訴現場的人：「我打算去東電總公司一趟，讓政府與東電一同設置統合應變指揮中心，也請細野於東電總公司常駐。」

其實打從前一天，我就產生了設立統合應變指揮中心的想法。設立指揮中心的用意在於正確掌握現場的狀況，以及加速決策過程，但更大的理由是，要公開表示政府與東電一同處理事故的決心，現在傳來的資訊實在不夠正確又太過緩慢。此外，東電雖然知道現場危急，卻沒能意識到這場事故可能演變成國安危機。話說回來，民營機構缺乏這層危機認知自是當然，但這樣只會讓情況愈發棘手，非讓東電理解「要與政府齊心協力，處理這次的國家危機」不可。

地震發生後，我與官房長官及其下的官邸政治家曾多次協議，商討如何共同面對接二連三襲來的危機，但從未明確討論過這場意外的定義，也未讓話題上綱至這場意外會對日本造成什麼樣的影響。十五日凌晨三點過後，我第一次明確表達「這場意外乃是國家存亡危機」的想法。

我沒心情打官腔，情況也已經間不容緩，但我還是逐一詢問現場所有人，明不明白事態有多麼嚴重。印象中，他們的回應皆為「要是就這樣撤退，東日本將就此完蛋」「無路可逃」「這樣下去，會被外國侵略」等。

此時說的「會被外國侵略」，並非「有國家會趁火打劫，侵略日本」，而是指「一旦日本被視為逃避災難的國家，就會有國家堂而皇之地宣稱要取代日本，收拾殘局」。

所以，我們怎麼能逃？

## 闖入東電總公司

凌晨四點後，清水社長來了，我果斷告訴他「沒有撤退這個選項」，清水社長也二話不說地回答：「遵命，我知道了。」半句也沒提到「請讓我們撤退」。清水社長的回應實在太過簡單迅速，讓我大感意外。

我告訴清水社長：「我想設置統合應變指揮中心，並且讓細野輔佐官到東電常駐，請幫細野輔佐官準備房間與辦公桌。」社長也是立刻回應：「遵命，我知道了。」

緊接著，我又告訴社長：「接下來，我會立刻動身前往貴公司，請準備一下。」也詢問了大概得花幾小時才能完成準備，社長回答兩個小時，所以我又告訴社長，希望能再提早一點，五點半就過去。

五點二十六分，我從官邸出發。這是自十二日早上前往福島第一核電廠與災區視察以來的首次外出。坐上車前，我對簇擁而來的記者宣布「政府將與東電共組統合應變指揮中心[15]」一事，也強調「雖然狀況仍不樂觀，但無論如何要跨越這次危機，我希望站在第一線指揮」這個成立宗旨。

五點半過後，我抵達位於內幸町的東電總公司，我有點驚訝，總公司居然離官邸不遠，畢竟先前的資訊傳遞速度實在太慢了。我知道在現代社會，資訊傳遞速度的快慢與物理距離沒有什麼關聯性，但這距離真的近到讓我覺得，說不定派傳令兵傳送紙條，都比之前的模式來得快。

二樓作為應變指揮中心的空間使用，有幾百個人在這裡工作。

---

15 原註：我在國會事故調查委員會上，對於統合應變指揮中心的成立做出下列解釋。「一般來說，政府不該直接在民營企業的總公司坐鎮，但只要進一步解釋《核災法》，便可以知道指揮官有權對民營業者下達指示。不過，就算《核災法》有相關的規定，我起初並不想輕易地行使這項權力。不過，在面臨『是否撤退』這個問題前，我就知道東電與政府的決策系統必須整合，若未整合，將會造成更大的問題，所以我才提出設置統合指揮中心的意見。如今想來，若能早一步提出這個想法就好了，但與其說是因為『撤退』這個問題浮上檯面，才有機會成立統合指揮中心，不如說事已至此，由不得不成立，而這就是當時的事實。」

總機室有好幾台螢幕，其中一台與福島第一核電廠連線，換言之，這裡設有能與吉田所長即時對話的系統，而且也能大概了解各廠的現況，但為何官邸之前一直無法得知現場的狀況呢？

我在序章也提過，我曾對勝俁會長、清水社長與其下的員工這麼說：

「我想各位應該最了解這次的事故的嚴重性。政府與東電必須即時做出對策。指揮官由我擔任，梅江田大臣與清水社長則擔任副指揮官。

現在的情況不只與二號機有關。一旦我們放棄二號機，一號機、三號機、四號機到六號機，乃至於福島第二核電廠，到底會變成什麼樣？恐怕在幾個月之後，所有的核電廠、核廢棄物都會瓦解，輻射也將外洩，相當於有十座、二十座的車諾比核電廠外洩出二倍至三倍的放射性物質。屆時，日本將遭受毀滅性的災難。

當然，我們可能賭上性命也無法阻止狀況惡化，即便如此，我們也絕不能撤退與袖手旁觀。如果這麼做，其他國家說不定會表示『讓我們來』。沒有人能置身事外，請一起拚命吧，我們無路可逃。眼下的資訊傳達既緩慢又不到位，而且還是錯的。請各位不要退縮，務必呈上必要的資訊。除了眼前的狀況之外，也要預判可能在十個小時後、一天之後、一周之後發生的事，然後預先採取行動。

無論花多少錢都無所謂，東電只能繼續往前衝。在日本可能滅國的節骨眼，我們沒有撤退的選項。董事長、社長，請務必下定決心。六十歲以上的人可以深入現場，我自己也有這樣的覺悟。我再說一次，撤退是不可能的。一旦撤退，東電一定會倒閉。」

## 四號機爆炸、二號機壓力下降

雖然我在東電總公司設置統合應變指揮中心，也擔任了指揮官一職，但我從一開始就沒打算於此常駐。我請海江田大臣與清水社長擔任副指揮官，也請細野輔佐官擔任事務局長，常駐於東電，海江田大臣也在東電總公司待了好長一段時間。

在總機室向社員下達指示後，便有人引導我前往會議室。這間會議室設有視訊電話，能直接與福島的現場連線，我也得以與吉田所長透過視訊會議系統溝通，沒想到這時吉田所長突然說：「首相抱歉，有緊急事態發生。」便掛掉電話。

正值早上六點左右，現場到底發生了什麼事？我緊張地全身顫抖。東電總公司的員工向我說明：「可能是二號機反應爐壓力殼的底部破了吧？」「二號機的內部壓力與外部壓力趨向一致。」

我原以為二號機已經爆炸，幸好並非如此，是四號機的廠房爆炸，而且這次也是氫爆。不過同時間，二號機的抑壓室排氣閥破損，高濃度的放射性物質開始外洩。

地震與海嘯發生時，四號機正在進行定期檢測，反應爐裡的所有燃料棒均已取出，反應爐也停止運轉，所以我一直以為四號機是安全的，沒想到最危險的是燃料冷卻池。會這麼說，是因為四號機將正在使用的核燃料棒移到與反應爐相鄰的燃料冷卻池。反應爐裡的核燃料會有圍阻體與壓力殼掩護，但燃料冷卻池就只由反應器廠房包覆。

四號機的燃料冷卻池設在廠房的四樓與五樓，但這跟一般大樓內部的游泳池一樣，沒有特殊的防護牆保護。如果冷卻池裡有水，能讓燃料棒保持冷卻也就罷了，一旦無法冷卻，冷卻池裡的水在高溫之下蒸發，燃料棒暴露在外，放射性物質就會外洩，而阻止外洩的設施卻只有反應器廠房。

四號機因地震與海嘯喪失了所有交流電電源，燃料冷卻池也無法繼續冷卻燃料棒。再這樣下去，水會不斷蒸發，水位也會持續下滑，但當時調查指出，四號機到二十日之前似乎都不會造成太嚴重的問題，所以決定先處理一號機與三號機。在前一天，也就是十四日凌晨四點的時候，燃料冷卻池的水溫只有八十四度，還不到沸點。

但為什麼會在十五日凌晨六點十分左右爆炸呢？東電推測，有可能是滯留在三號機的氫素沿著配管流入四號機，所以四號機才爆炸。此外，於此同時，四號機也發生了火災。

緊接著，就在四號機爆炸的同時間，二號機的抑壓室排氣閥的壓力也開始急速下降。這件事不是由現場的工作人員發現，而是透過監視器確認。

## 只有幸運可言

為什麼二號機的壓力會急速下降呢？可以確定的是，機組某處出現破損，導致內部的水蒸氣從破損處流出，大量的放射性物質也跟著外洩。我們當然不希望放射性物質外洩，但也因為這不知位於何處的破損，讓圍阻體免於發生大爆炸。換言之，氣球如果一直膨脹，最終只有破裂的下場，但如果是紙氣球，就會在紙的接縫處出現破損，裡面的空氣便會洩出，此時紙氣球只會萎縮，不會破裂，但也無法保持原狀。二號機就跟有裂縫的紙氣球一樣，空氣因為某處的破損而外洩，內部的壓力也跟著下降。

這當然不是設計本意，也不是因為照著手冊操作才得到的結果，更不是我們打著「兩害相權取其輕」的主意，故意在某處開孔。說到底，就是二號機有部分構造較為薄弱，所以才在壓力上升時出現破損。

我非常尊重福島第一核電廠的作業人員、自衛隊、消防單位、警察，也非常敬佩他們賭上性命的義舉，所以希望大家不要誤解我接下來要說的事。我覺得，日本得以逃過此劫，躲開這場毀滅性的災難，純粹是接二連三的幸運所導致的結果。其中一個幸運便是二號機的壓力莫名下降。假設二號機的圍阻體如氣球般爆炸，之後再也無人可以接近二號機，也無法收拾善後。

另一個幸運是四號爐的燃料冷卻池還有水這件事。由於定期檢測的作業延遲，所以事故發生當下，反應爐內部還有滿滿的水，而這些水又莫名地流至燃料冷卻池。

換言之，我們真的是蒙上天眷顧，除了幸運，實在無法多作任何解釋，但我也覺得，不能一味期待日後會有同等幸運降臨。

如果我們能事先知道該如何因應如此毀滅性的災難，也預先設計了操作手冊，訓練也充足的話，應該就能阻止這次的事故惡化。所以這次事故能在準備不足的情況下好轉，我只能說，這真是不幸中的大幸。

如果有人以為這次的幸運能保證核電廠安泰的話，那就跟以為元日戰爭[16]時期有神風相助，所以太平洋戰爭也不會失利的部分軍方人士一樣愚蠢，我們當然不能迷信所謂的神風相助。

---

16 譯註：元朝皇帝忽必烈，與屬國高麗在西元一二七四年和一二八一年兩次派兵侵略日本而引發的戰爭。

大量的放射性物質從二號機外洩，以及四號機的爆炸，都讓我們繃緊了每一條神經，尤其從二號機外洩的放射性物質是前所未有的多，影響也最深。

因此，我們有必要考慮進一步擴大避難區域。

## 向國民的請託

十五日是星期二，照例得召開內閣會議，必須在八點半回到官邸，於是我僅在東電待了不到三個小時。我雖然成立了統合應變指揮中心，也擔任了指揮官一職，但我不打算坐鎮東電，執掌指揮大旗。即便如此，身為指揮官，還是應該在待東電總公司待一陣子，哪怕只待幾個小時也好，後續再將指揮官的權限委託給擔任事務局長的細野輔佐官，由他在指揮官缺席時負責指揮。

由於我得準備接下來的內閣會議，八點半過後便離開東電，將成立統合應變指揮中心的事宜全權委由留下來的海江田大臣、細野輔佐官、寺田輔佐官處理。

就常理而言，官方長官至少一天要開兩次記者會，向國民報告震災、核電廠的相關資訊。這天發生了四號機爆炸、二號機壓力下降等事件，危險性陡然升高，所以必須將第一核電廠的避難區域半徑從二十公里擴增至三十公里，也必須呼籲民眾在家裡避難。因此，我在十一點的時候召開了記者會。

下面是會中對國民的呼籲。

「各位國民，接下來要報告福島核電廠的狀況。希望大家能冷靜地面對。

一如之前所報告的，福島核電廠的反應爐因地震、海嘯停止運轉，於緊急狀態驅動冷卻裝置的柴油引擎全數停止運作，因此我們在這段期間，想盡了各種方法讓反應爐冷卻。不過，在一號機、三號發生氫爆之後，四號機也發生火災，大量高濃度的放射性物質外洩到周圍地區。今後，放射性物質外洩的風險也將持續升高。

為此，原本住在福島第一核電廠周圍二十公里的居民，雖然已經前往避難地區，但接下來必須繼續往外圍移動，前往另一個避難場所。

此外，基於反應爐的狀況，在此呼籲住在二十公里至三十公里範圍之內的國民待在家裡或辦公室避難。至於福島第二核電廠方面，目前範圍十公里之內的避難作業已接近完成，還請大家務必遠離這個地區，前往避難場所。

政府正盡全力避免爆炸發生，也想盡各種方法阻止放射性物質外洩，尤其東電的相關人士，正不顧己身安危，奮力朝反應爐灌水，換言之，他們正傾全力阻止更多的放射性物質外洩。各位國民或許難免擔心，但還是由衷拜託各位，冷靜地面對這次事故。

以上，是我對各位國民的請託。」

此時，我也回答了一個問題。

記者問我：「首相，不好意思，您剛剛沒提到二號機的狀況，二號機不是更嚴重嗎？」我回答：「一如前面所報告的，我們現在報告的是整體狀況，之後再於其他場合，由東電向各位報告其他機組的現況。」

身為最高負責人的我，當下只能如此回答。

我沒有打算隱瞞事實，但首相只能報告已確認的事情，這也是我的原則。

這次的災難是前所未有的意外，沒有人能準確地預測未來將發生什麼事。就法律而言，能為首相提出建議、指引方向的是核能安全委員會，但連這個委員會也無法推測後續的發展。我雖然透過東工大的人脈組建了提供第二意見的智囊團，但他們的意見也只是僅供參考——有人認為最糟的情況是「東日本全滅」，有人則認為「不會發生什麼大事」，要是將這些意見全部公諸於世，交由每位國民自行判斷，那政府未免也太不負責任了。

一股腦地公開所有資訊，不具任何意義。官方公開的資訊最終得由政府負起責任，所以無法負責[17]的資訊就無法發表，這是政府與媒體在立場上的不同。當然，媒體也不能恣意播報，但政府在這點上，必須背負更重的責任。

尤其首相在記者會上的發言，是代表國家的最終發言，要擔負的責任也極為沉重，無從修正，也無法收回——每一場記者會，都是在這種近乎極限的狀態下召開。

17 原註：針對有人批評官邸未使用「緊急環境輻射劑量預估系統」（SPEEDI）資料一事，謹在此特別說明。這份資料的確有傳入官邸，但不知道傳至首相官邸這棟建築物的何處，也有可能傳至首相官邸內的某個部門，卻沒傳到我手上。我與其他官邸的相關人士從未看過這份資料，當然也沒有隱瞞任何事實。這件事的問題出在政府的情報傳遞系統，身為最高負責人，我當然是難免其責，但我們這群身在官邸的人民公僕，從未故意隱瞞這份資料，特此說明。

## 被迫承接大賣壓的日本

多虧在東電總公司設置統合統合指揮中心，並由細野輔佐官常駐，資訊傳遞變得更加順暢，但這不代表事故現場的狀況就此好轉，危機仍在延燒中。

四號機的火災確定於十二點二十五分撲滅，燃料冷卻池的屋頂則因爆炸而被炸飛。如果上頭沒有任何遮蔽物，任由水分持續蒸發的話，放射性物質就會直接滲入大氣，無論如何都亟需注水。另一方面，一號機與三號機雖然也沒有屋頂，但這樣的狀態反而有利於現況，可以讓我們從高空注水。

我們開始考慮讓自衛隊以直昇機進行注水作業。

或許是受到核電廠的狀況惡化影響，東京的股票市場從十五日一早開始就呈現極大賣壓，東京證券交易所的大盤最終收在比前一天低一〇一五元的價位，各國駐日大使館也紛紛建議自家國民避難。我後來才知道，許多預定來日公演的音樂家因此取消演出，但也有為了聲援日本而來的音樂家，真是感激不盡。

無論如何，「五千萬人避難」這最糟的劇本已揭開序幕，更糟的是，這場災難絕非「避難」就能解決，因為核災將對經濟、社會、文化與各方各面造成莫大衝擊。

## 反攻的號角響起

統合應變指揮中心成立後，東電與政府攜手作戰的體制也正式啟動。

第一步，先由自衛隊的直升機往燃料冷卻池注水。

十五日下午四點前，北澤防衛大臣與折木良一統合幕僚長一同來到官邸，討論了注水的相關事宜。折木幕僚長表示：「守護國民身家性命乃自衛隊的使命，一旦接到命令，必全力以赴，達成使命。」這真是一番宛如強心針的發言。

我們當然也會請東電全力以赴，但既然設置了統合應變指揮中心，政府就不能坐等報告出爐才做出判斷，而是要主動出擊，早一步收拾局面。我向北澤防衛大臣強調，自衛隊扮演了非常重要的角色。

傍晚，擔任統合應變指揮中心事務局長的細野輔佐官來到官邸，報告我們離開東電之後發生的情況。以政府代表的身分坐鎮於放眼望去皆是東電員工的環境，的確是件勞心勞力的差事，但細野輔佐官是位值得信賴的部下，也是非常稱職的首相代理人。

十一日晚上電源車的調度也是如此，只要調用警察與自衛隊的人力，通常就能順利調來物質。若是每件事都先經過保安院、經產省再上呈官邸，然後由官邸與府省協調，恐怕會浪費不少時間。但此時已全然不同，自從細野輔佐官以統合應變指揮中心事務局長的身分坐鎮東電，就能直接與相關府省協調，一切調度都變得十分順暢。

我多派了幾名部下協助細野事務局長，其中一員是我任職副首相兼科學技術擔當大臣時的祕書官——生川浩史。這位祕書官在事故爆發之際，從文部科學省被借調去理化學研究所，所以應我之邀，以官邸工作人員的身分常駐東電。自此之後大約半年以上的時間，他每天都向我報告現場的狀況，而且一天報告多次，連周六日也不例外，讓我得以即時掌握現場情形，也幫助我做出更正確的判斷。

## 三月十六日・星期三

### 給自衛隊的指示

福島第一核電廠的危機仍未解除。

十六日凌晨五點四十五分，傳來四號機反應器廠房竄出火舌的噩耗，昨天也是在這個位置冒火。八點三十七分，傳來三號機冒出白煙的消息，我不禁擔心：「該不會是燃料冷卻池的水正在沸騰吧？」再這樣下去，四號機的燃料冷卻池可能也會跟著沸騰。核電廠正門的輻射量，也於十點四十分上升到每小時十毫西弗。

總之，只能先冷卻再說；只能先灌水再說。或許這麼說很奇怪，但到目前為止，已經發生過氫爆，也出現莫名的破洞，核電廠已形同一座無法運作的廢鐵，因應之道反而也就極為單純：即使事態嚴重，總之就是先冷卻就對了。

我當然知道，「灌水冷卻」是一項「知易行難」的任務。這項任務之所以艱難，在於輻射劑量實在太高，令人難以越雷池一步；但另一個原因在於，因地震、海嘯及接二連三的爆炸，現場不斷噴飛出瓦礫。這真是最惡劣的作業環境，而我們就在這樣的環境下與時間賽跑。

到了下午，我從十二點四十六分開始，與北澤防衛大臣、防衛省的中江公人事務次官、下平幸二情報本部長與細野輔佐官商討，讓自衛隊站上第一線收拾核電廠這場意外，而不是像之前一樣，執行後勤支援任務。

這場災難非得傾全國之力善後不可。

四點左右，陸上自衛隊的直升機飛抵核電廠上空，完成注水的前置準備。但是，就算靠近三號機，也因為輻射劑量過高而無法作業。我想大家都知道，注水作業只能從核電廠正上方的位置進行，但是正上方的輻射劑量也最高。

這天最終無法灌水，但東電員工得以搭乘直升機，用攝影機拍下三號機與四號機的狀況，也確認四號機的燃料冷卻池還有水。

我告訴北澤防衛大臣：「雖然任務艱困，希望明天無論如何都要完成任務。」決議由陸上自衛隊於次日執行直升機注水的作戰計畫。

晚上十點十六分，我與聯合國祕書長潘基文通電話。電話中，祕書長慰問了地震與海嘯的災情，也很佩服日本國民共度國難的勇敢，對此我非常感謝。

此外，我也得到了祕書長允諾：「聯合國將動用一切資源支援這次的福島核災，聯合國與日本國民站在一起。」我也針對核災回應：「日本會向國際社會提供必要資訊。」

明知自是理所當然的事，但藉由這通電話，我重新感受到全世界都在關注福島。

## 三月十七日・星期四

### 自衛隊直升機注水

上午九點四十八分，陸上自衛隊的直升機開始從三號機上空注水，之後又於五十二分、五十八分、十點注水，總共注水四次，作業過程也由電視台全程現場直播。「拜託，這次的注水作業一定要成功！」我在心中如此默默祈禱。

前一天因輻射劑量過高而暫時撤退的作戰計畫，總算在今天得以達成。為了完成任務，自衛隊隊員在直升機安裝了遮蔽放射線用的鐵板，可說是一場誓死如歸的決戰。

面對這次核災，自衛隊也是從初期階段就開始收集相關資訊。十一日晚間七點發布緊急事態宣言後，北澤防衛大臣就下達核能災害派遣命令，要求隸屬於陸上自衛隊中央即應集團（CRF）的中央特殊武器防護隊前往福島。這支部隊的職責在於處理核武、生化武器，並未受過處理核災的相關訓練，但已經是自衛隊中，最能因應核災的部隊了。

一如前述，官邸工作人員於十一日夜裡處理電源車進入福島事宜時，自衛隊給予了多方協助。此外，當特殊武器防護隊員在現場進行冷卻水補給作業時，也有人員因為三號機爆炸而受傷。

其實意外發生後，自衛隊很早就投入人力，但多半屬於後勤支援，後來我決定，請自衛隊自十五日之後站到第一線。或許是因為統合應變指揮中心的成立，讓我們能更快與現場取得聯繫，也更快做好應有的準備，所以自衛隊也更容易出動，實現這次的注水作戰計畫。

注水作戰的成功，吹響了阻止事態惡化的反攻號角。

任務成功後沒多久，十點二十二分，我便與美國總統歐巴馬展開電話會談。歐巴馬總統已透過電視關注日本自衛隊的注水作戰，我對此非常感謝。

這項由自衛隊直升機進行的注水作業，是一場迫在眼前的任務，也是一場不畏輻射汙染的誓死之戰。美軍想必最能理解這項任務有多麼危險，我也從北澤防衛大臣口中聽到，在這項作戰計畫達成後，美軍的態度有了一百八十度的轉變。起初，即使是聲稱為了「友誼行動」而來日本支援的美軍，也似乎相當擔憂核災及後續影響，不太相信日本政府有心解決這次的災難，不過自衛隊此舉，證實了日本政府是認真的。

我與歐巴馬總統的電話會談持續了三十多分鐘。在地震發生後，這是第二次與歐巴馬總統通電話，這次也談了相當具體的內容。簡單來說，官方發表的內容就是「駐日美軍不僅於此時提供援助與人道救援，還將派出核能專家並進行各方面的支援，藉此與日本一同執行中長期的振興活動」，這也是歐巴馬總統給予的承諾。我除了對美國的支援表達謝意之外，也對歐巴馬總統說明：「警察、自衛隊及政府上下，將全體動員，面對這次的核災。」更表示：「希望能與美國形成協議，獲得正式的支援，也希望美國的核能專家能與日本的專家持續合作。」

雖然元首會談多少帶有官腔色彩，但也能談論十分具體的事項。在這次電話會議之後，美國承諾將給予更多支援，與日本一同面對核災。

## 請求東京都知事協助

眾議院全體會議於下午一點開始。這是震災發生之後首次召開的全體會議，所以全體議員先默禱，會議才正式開始。

結束後，我立刻回到官邸與北澤防衛大臣及其下防衛省幹部見面，感謝他們協助這次注水作戰。

如果僅出動自衛隊，恐怕無法完成這次注水作戰，消防隊與機動隊的協助也是不可或缺的。在各消防隊中，東京都消防隊擁有最先進的重型工具機。我在晚間七點左右，打了通電話給阿久津幸彥內閣府政務官。阿久津政務官在擔任國會議員前，是東京都知事——石原慎太郎還在擔任眾議院議員時的祕書。

我不知道他是否仍與石原知事保持聯絡，但我認為有必要盡快與石原知事取得聯繫，於是拜託阿久津政務官幫忙。

此時的阿久津政務官人在宮城縣廳，擔任緊急災害應變指揮中心的當地應變小組長代理人。我告訴他：「現在需要朝燃料冷卻池注水，所以得用到東京消防廳最新型的幫浦車，你能不能向石原知事知會一下？」阿久津政務官便立刻與石原知事聯絡。

過沒多久，阿久津政務官打來電話，告訴我知事人在家中，也給了我電話號碼，於是我立刻打過去，拜託知事協助，知事也二話不說，立刻允諾。

後來才知道，我真的做了很對不起東京消防廳的事。前一天（十六日），東電曾向應變指揮中心提出向東京消防廳商借用特殊災害對策車的要求，總務省消防廳也要求東京消防廳派出特殊災害對策車，而在現場操作車輛的是東電的員工。但是，東京消防廳的隊員將特殊災害對策車開到福島縣磐城市後，卻沒有人來點交，姍姍來遲的東電員工也一臉毫不知情，所以消防隊只好又把車子開回原地。

東京消防廳的一腔熱血就這樣被狠狠澆熄了，而我對這段齟齬毫不知情。到了十七日後，我以首相身分請求石原知事協助，這才透過阿久津政務官與知事取得聯繫。

我與石原知事的想法有許多歧異之處，過去他經常批判民主黨跟我，但面對國難之際，依然非常樂意提供協助。尤其當我得知東京消防廳的特殊災害對策車曾因與我方溝通管道不通暢，導致原地返回一事，更是感謝石原知事的協助。當然，石原知事不是為了我出手協助，而是為了日本，但這樣就夠了。

在東京消防廳救援部隊的捨命支援下，其他縣市的消防隊也展開相關協助，東電也在現場努力奮戰。透過這場震災與核災，我再次體認到日本的現場作業能力有多麼堅強。

## 前往皇居——史上頭一遭的西裝認證儀式

這天也適逢人事異動：年屆七十八歲的藤井裕久官房副長官以高齡為由，希望辭去現職，於是我決定啟用民主黨黨主席代理人仙谷由人議員補缺。仙谷在我就任首相的時候，曾擔任我的官房長官，後來在一月內閣改組時離開，成為黨主席代理人。在眾多民主黨議員中，他非常熟悉官僚機構，我也希望他能運用這方面的經驗因應本次危機。直到幾個月之前，仙谷都是官房長官，這次回鍋擔任副長官，而且他的上司枝野長官比他還年輕，所以就某種意義而言，這次回任算是降級，但他還是二話不說接任。

我希望藤井能在辭去現職後，擔任首相輔佐官。由於輔佐官最多只能五位，所以雖然不捨，也只能請加藤公一輔佐官卸任。

就法律層面而言，官房副長官是必須由天皇認證的「認證官」，得在皇居舉辦認證儀式。若是男性接受認證，通常得穿著最高級的晨禮服，但此時為非常時期，我便與官內廳協商，容許仙谷穿著一般西裝出席認證儀式。

傍晚七點五十五分抵達皇居，我們一行人穿著西裝參加認證儀式，天皇陛下也穿著西裝出席。身著一般服裝舉辦認證儀式，可謂史上頭一遭。

此時此刻，核災的危機仍未解除，因此我的腦海裡有個最壞的打算，那就是核災若持續擴大，該在何時請皇室離開東京避難，這也是首相必須預先思考的事。

我在晚上八點四十八分回到官邸，將人事命令交給藤井輔佐官（因為首相輔佐官不需要認證）。

晚間十一點過後，細野輔佐官從東電的統合指揮中心來到官邸，報告災區現場的狀況：繼早上自衛隊成功注水之後，下午，警視廳的高壓水車也執行注水，自衛隊也利用五台高壓消防車從地面注水。

總之，就是指示不斷注水降溫。

## 三月十八日・星期五

### 向對立陣營遞出橄欖枝

距離地震發生剛好一周——但我沒時間如此感慨。

這天是周五，照例於九點半召開內閣會議。會議結束後，我又與幾位閣僚談話，也與岡田幹事長見了一面。我告訴幹事長，為了因應震災，我要建立危機管理內閣，雖然現在閣僚的人數上限為十七人，但我打算另增三個名額，也希望在野黨的人士入閣（可惜這個構想最終未能實現）。

國會裡的「心結」尚未化解，震災的修正預算也得在修正各種法令後才能通過，修正預算的編列、審議與通過也都該盡速推進。我並沒有藐視國會的意思，但我認為國難當前，朝野理應共同面對。

當時的報導指出，我在十九日突然打了通電話給谷垣黨主席，邀請他進入內閣，結果谷垣黨主席回答「這實在有點唐突」，並未給予正面回應。這段報導的後半段是正確的，但所謂我「突然打電話給谷垣黨主席」這段敘述，卻與事實有所出入。

自震災發生以來，我雖有機會與自民黨的谷垣黨主席在公開場合見到面，但除此之外，我也私下透過比較熟識的加藤紘一自民黨議員，向谷垣黨主席提出一對一的會談。我與加藤議員在自民黨、社會黨、先驅新黨共組內閣的村山富市內閣時代，就一起負責擬定政策（當時我是先驅新黨的政策負責人）。而且小淵惠三內閣遭逢金融危機之際，當時只要執政黨全盤接受民主黨的提案，就不牽扯任何政治問題，換言之，決定不追究小淵內閣的責任時，加藤議員是自民黨的窗口。基於這層關係，我與加藤議員也比較熟識，而且加藤議員與谷垣黨主席曾隸屬加藤組，所以兩者的關係也很不錯。與其說加藤議員是為了我，不如說是為了日本才幫助我。

我不知道加藤議員與谷垣黨主席談到什麼地步。其實之前我已經數次向谷垣黨主席提出一對一會面，也就是「對飲會談」的邀請，但最終未能實現，僅得到這樣的回應：「若有要事，請在這個時間打這個電話號碼。」我依指定時間打去後，向谷垣黨主席表示：「希望能邀請您入閣，借重您的能力，共同面對這場危機。」但畢竟透過電話難以真切地表達我的誠意，這通電話也在意見分歧中結束。

危機管理內閣的構想被批評為「只是首相貪圖延續政權」，但我深深覺得，大難當前，此時根本不是討論這些事的時候。

讓我們回到十八日發生的事。這天，東電總算公布從一號機到六號機的燃料冷卻池內，共有四五四六根燃料棒的事實，其中的一三三一根燃料棒存放於四號機。

下午二點十五分，我接見國際原子能總署（IAEA）的天野之彌事務局長，也藉此機會拜託國際社會「一同處理核電廠事故」，訪談過程中也提到：「我們正全力處理福島第一核電廠的問題，我們也將盡力保持資訊的透明性，讓國際原子能總署與國際社會得知現況。」

從晚間七點開始，我與法國的薩科齊總統進行電話會談，薩科齊總統告訴我：「若有任何需要，請務必提出。」我非常感謝他的慰問與協助，也說明了目前對災民的照顧與核災的現況。

## 第一周的訊息

距離地震發生已過了一周，身為首相，我想用自己的話，表達我對這一周的看法，於是在晚間八點十三分召開記者會。

在這場記者會裡，我不加修飾地坦率說明了自己在同時面對「地震、海嘯」與「核災」這兩大危機時的心境，也說明核災尚未結束，我們還不能掉以輕心，最後由衷慰問正在避難的災民。

在執筆撰寫本書的當下，仍有許多人不得不在避難所生活，面對家人被拆散的痛苦，這點真的讓我感到十分抱歉。

以下是地震發生一周之後，我傳達給國民的訊息內容。

「現在，我們正面對兩個極大的問題，一個是規模極大的地震與海嘯，另一個則是因地震與海嘯造成的核災，這兩個危機正迫在眼前。

目前的救援活動如同多頭馬車般混亂，也遭遇了許多困難，但我們一定會解決這些難題，將救援物資送到各位災民手中，也會與各位災民一步步重建原有的生活。我深深相信，日本一定能跨越這次的地震與海嘯所造成的災害，邁向復興之路。

此外，福島核災仍處於不容一刻懈怠的狀態。為了解除危機，東京電力、自衛隊、警察、消防隊、相關人士無不拚命處理，我也抱著誓死的決心，盡最大的努力，希望能與全體國民及現場相關人士一起克服本次危機，讓各位國民重回安心的生活。我會秉持著這股決心，繼續努力。

真的非常感謝世界各國至今給予的慰問，有一百一十七個國家、地區與二十九個國際機關提出協助的申請，也已經展開救援活動，在此表達最高的敬意與感謝。雖然日本正面對二次世界大戰後最為嚴重的危機，但在全世界的支援之下，我們沒理由向這場危機屈服。各位國民，讓我們帶著克服危機的決心，繼續前進吧。

此外，在天氣如此寒冷，糧食、水、廁所都不充足的情況下，身在避難所的各位災民辛苦了，希望各位災民能在避難所與家人、當地人甚至是陌生人互助，一同度過艱困的避難生活。」

下列是記者會的發問及答覆。

「首相您好，我是日本電視台的青山。這次的福島核災讓周邊地區的居民，甚至是所有日本國民感到不安，有些人也不相信政府發表的情報。我想請問首相，現況到底有多危險？我們對現況有多少掌握？又該如何看待後續的發展？能否盡可能具體描述。」

「關於本次核電廠意外，我已經向各位國民與國際一再重申，我和官房長官已公布了所有可知的事實。

福島核電廠事故目前仍是無法掉以輕心的狀況，對此，我沒有任何矯飾與隱瞞。為了解除本次危機，東京電力、自衛隊、消防隊、警察與相關人士都抱著必死的決心進行相關作業。

本日也開始對三號機執行注水活動。雖然現況仍然險峻，但在如此對應之下，或許可在不久後掌控全局，脫離目前的險境。在此謹向全體國民宣布，我們將朝這個方向全力以赴。」

「首相您好，我是《讀賣新聞》的五十嵐。一如首相所述，地震、海嘯、核災與停電這些災難接踵而來之餘，更重要的是對災民的照顧。這些災難就算各自獨立發生，都會引發一連串危機。目前有許多國民擔心政府的處置不夠妥善，請問首相是否覺得現在的因應方式已經足夠？另外，岡田幹事長今天也指出應該新增三名大臣，請教首相是否已有強化因應體制的具體措施？」

「地震發生之後，政府立刻展開應變措施，傾全力解決問題來度過難關。為了強化因應體制，朝野之間已展開討論，希望能強化內閣的力量，藉此因應本次的危機。」

「首相您好，我是《每日新聞》的田中，我想請教災區重建的計畫。首相在先前給國民的訊息提到，政府將盡全力打造能安居樂業的生活環境，也請災民搬遷至新地區，但災區的許多建築物都被連根拔起，要重建基礎設施，恐怕得耗費不少時間，而在這段期間，災民該如何於避難所生活？能否告知政府對此有何相應的救援措施？」

「為了讓災民得以度過漫長的避難生活，政府已著手準備各種因應措施，尤其全國各地的地方政府、團體，甚至是個人，都提出願意接納災民的聲明。政府當然會傾全力縮短如此艱困的避難生活，在此也希望全國各地的國民接納災民。」

待處理的問題，可說是堆積如山。

## 闊別一周的家

這天晚上，九點四十七分，我回到一周未見的首相住處——公邸。在我得知官邸員工因為我沒回到公邸，所以也不敢回家的事情後，便決定回到公邸。這一周以來，大家真的都名符其實地「不眠不休」拚命救災。

這一周總共走出官邸四次，分別是十二日早晨前往福島第一核電廠及災區視察，第二次是十五日早晨前往東電總部，接著是十七日的國會眾議院全體會議，當日晚上再前往皇居舉辦的認證儀式——就這四次。

# 三月十九日之後

## 危機仍未解除

三月十九日之後，危機當然還沒解除。

尤其四號機的反應爐廠房牆壁因為爆炸而破損，只剩柱子支撐著整棟建築。假設突然來一場規模較大的餘震，導致建築物傾倒的話，恐怕燃料冷卻池會跟著毀損，存放其中的核燃料也會傾倒而出。屆時，將陷入無可收拾的局面，所以我們勢必得加快腳步，補強建築物的強度，但也只能祈禱在補強工程結束之前，不要發生大餘震。

東電不斷修復福島第一核電廠的外部電源。當他們告訴我十九日就能完成修復時，我真的鬆了一大口氣，因為我認為，只要電源修復，冷卻功能就能重新上線，但我還是太天真了。就算外部電源修復，只要主導冷卻水循環的幫浦與其他機組無法運作，還是只能從外部持續注水。於是我們決定，先設置臨時的幫浦，也讓消防車與水車持續注水。

東京消防廳的緊急救援隊拚命協助注水，其他縣市的消防隊也予以協助，現場可說是結合日本全國之力，收拾核災。

由於目前是由東電的工程部隊、來自各地的警察、消防隊、自衛隊共同作業，所以該怎麼指揮也成了問題。

以統合應變指揮中心事務局長身分坐鎮東電的細野輔佐官，在觀察現場狀況之後，認為由自衛隊扮演整合的角色比較好，便於十八日，以海江田大臣與細野輔佐官的名義提出「指示書」，二十日，再以我的名義提出另一份「指示書」。這份指示書提到：「關於現場的灌水作業，由自衛隊負責協調各相關行政機關與東京電力股份有限公司」，至於注水作業的實施，則明文規定「由現場的自衛隊坐鎮當地調整與指揮一切」。

正因為政府與東電共組了統合應變指揮中心，所以東電與政府各機關才能朝同一個方向努力，至於自衛隊、警察、消防隊能攜手合作，也是統合指揮中心的細野輔佐官與相關省廳協調的結果。

警察、消防隊高層及現場的工作人員也一致認為，這場國安危機必須由自衛隊主導。

其實，警察與消防隊在接受自衛隊指揮的情況下作業，還是頭一遭。法律並未明文規定自衛隊與警消的合作方式，但這次必須與時間賽跑，也只能在當地現場合作，所以我才提出前述的「指示書」。當然，也有人認為這樣的做法不妥，不過當下已不容半刻猶豫。

因為當時已陷入「不出動自衛隊，就無法善後」的險況。

## 餘波不斷的災後影響

直到四月下旬，我才終於覺得：「看來我們已經脫離核災持續擴大的危機。」

東電於四月十七日發表「福島第一核電廠事故善後經過」，其中提到，「輻射劑量正一步步減少」，換言之，若將「反應爐持續冷卻與汙水存放場所確定」視為階段一，那麼要達到這個階段大約需要三個月。若將「放射性物質的外洩得到管控，輻射劑量大幅下降」，意即「反應爐持續冷卻，汙水減少」視為階段二，那大概要等到階段一結束的三至六個月，才能進入這個階段二。

我們必須處理三大領域的五個問題，第一個領域是「冷卻」，第一個問題是「冷卻反應爐」，第二個問題是「冷卻用過的核燃料」；第二個領域是「抑制」，其中的第三個問題是「儲存、處理、回收被放射性物質汙染的水」，第四個問題是「降低放射性物質進入大氣與土壤的劑量」；第三個領域是「監控、除汙」，最後的第五個問題是「測量、降低、公開緊急避難區域的輻射劑量」。

光是東電就有這麼多問題，而這只是收拾善後的劇本，還沒提到賠償的問題。

一個月後的五月十七日，東電發表了以「相關事宜處理進度」為題的文件，提到階段一、二將按照預定達成。如此一來，階段一的反應爐穩定冷卻狀態，可望在七月達成，而維持穩定與減少汙水的目標，則在十月至隔年一月達成。

聽到這個報告之後，政府也於核能災害應變指揮中心會議決定「核災災民因應方針」。這項方針的目標在於改善避難生活，例如組合屋環境、工作安排、孩童教育，以及後續持續性避難與家畜安置措施，其中許多細節必須各省聽共同合作才能達成。

這次事故造成大面積、高濃度的輻射汙染，也可能對人體健康與食品造成影響，政府也不得不加緊腳步解決問題。此外，也要面對瓦礫堆積的問題。

此次事故影響的層面之廣，難以想像。

東電本身的經營問題也浮上檯面，是否要讓東電賠償也是問題之一，因為這次的賠償絕對需要巨額資金，就算要由國庫支出，也要先思考相關計畫，同時也得思考夏季用電的問題。

雖然如何從地震、海嘯中復甦與振興，是必須面對的課題，但政府也不能疏於面對內政與外交，國政也有一堆待解決的問題。

## 核災現場的捨命努力

七月十九日，我在核能災害應變指揮中心聽取報告，報告指出階段一的目標已經完成，例如循環水冷卻系統開始運作，反應爐保持冷卻，外洩的放射性物質也減少至意外發生後的二百萬分之一，這一切都是站在核災現場第一線的吉田所長、東電員工與相關企業人員拚命收拾善後的成果。

我在聽取報告之前，已於七月十六日前往J-VILLAGE，進行第二次慰問。見到現場的工作人員之後，我發自內心地感謝他們：「反應爐能夠冷卻，全歸功於各位奮不顧身地工作，我真的由衷感謝大家，日本全因大家的努力才得救。」至今，我對現場人員的感謝依舊不變，在此由衷感謝他們在現場所盡的一切努力，也向他們每一位致上敬意。

第二章

# 廢核與卸任

## 避難所

即使度過了核災的緊急應變時期，急待解決的難題依舊堆積如山。為重新了解地震、海嘯所造成的災害，以及核災發生後的的避難狀況，我們前往災區視察幾個避難所和臨時住宅，只見地震及海嘯災區的海岸完全被沖毀。瓦礫的清除、臨時住宅與漁業的重建，以及街道與住宅的重建……這些復興工作儘管耗時費日，卻也是一步一步地進行著。

在與福島災民的訪談中，一位家在核電廠附近的女士聲淚俱下地說：「我先生是東京電力的員工，他就在福島核電廠服務。身邊的人都對我們避而遠之，我先生還是冒著危險在現場搶救。」

還有一位男士對我說：「我的家變得比美國還要遙遠。」而我竟無言以對。除了地震及海嘯的受災戶之外，還有些人的家園雖然未因核災而直接受損，卻依然無法回家，精神上也承受著莫大壓力；我還聽說有些孩子在避難所受到歧視或霸凌，福島核災讓許多人飽受精神折磨。

## 決心推動廢核

除了震災的復興及核災的應變，我們也開始討論核電的能源政策轉換等議題。

接下來，我想談談決定推動廢核的經過。

三月十一日的核災讓我徹底改變對核電廠的想法。這次核災，我們清楚看見足以摧毀國家的風險，「安全的核電」的真正意義，應該是不依賴核電。

一九八〇年，我初次當選眾議員，當時所隸屬的社會民主連合（以下簡稱社民黨）將核能發電定位於「過渡性能源」，我也一直以此觀點進行考察及國會質詢。然而，當時國家無法立即脫離對核能發電的依賴，在三月十一日之前，我們都確信核能的安全性，足以讓我們一直使用下去。但三一一的事故，徹底改變了這個想法。

地球上有兩個同時潛藏著地震、海嘯、核電廠「三重風險」的地方——美國西海岸及日本列島。而日本幅員不大，如果發生核災，最壞的情況將會使整個國家機能完全停擺。

光憑我們過去對安全性的認知，完全無法承受這樣的風險。就算把「堅守核電安全的五層屏障」增加到七層，加高堤防以對抗海嘯，最終都還是可能發生人為因素的意外；恐怖攻擊也是風險之一，國際情勢無法解決恐怖攻擊的威脅。過去我們以為只要不是飛彈攻擊，核電廠就很安全，但這次的事故無疑是昭告全世界的恐怖分子：光是失去電力就足以釀成重大災難，只要幾十個恐怖分子侵入，將電纜切斷，日本這個國家就會陷入毀滅的危機。

經歷過這些事，我的想法改變了——降低對核能發電的依賴，打造不靠核能發電也能正常運作的社會，才是最安全的。

三月底開始，我便陸續在公開場合表明推動廢核的立場。最初是在社民黨、共產黨的黨魁會談，但媒體並沒有太多關注。

## 重新審視能源政策

三月三十日，我與社民黨的福島代表會談，提到核能安全保安院的定位應列入討論議題，還有「自然能源的比例太低，必須思考如何增加及支援機制」。我還記得，當時德國地方選舉才剛傳出廢核派的綠黨崛起的消息。

三月三十一日，我又與日本共產黨委員長志位和夫會談，針對「福島第一核電廠的一號機到六號機應予以廢爐」一事提出我的見解，同時也向他表明要重新考慮前一年（二〇一〇年）六月內閣會議決定的能源基本計畫。二〇一〇年的能源基本計畫將核能發電視為日本的主要能源，到二〇三〇年至少會增設十四座核能發電廠，而這時我已決定要減少十四座。

會談中，志位委員長剛好提出中止能源基本計畫的要求，我便趁勢表明以上立場。不過，中止計畫並非純粹因為共產黨提議的關係。在這之前，我已經感覺到這個計畫無法再執行下去。

共產黨與社民黨不同，他們一直都主張推動核能的和平利用。

同樣在三十一日，我與來訪的法國總統薩科齊會談，在公開記者會上，我發表了「核能、能源政策必須根據事故的勘驗結果再重新討論」的消息。

這樣的官方說法，或許一般國民不太明白，但是「重新審視核能政策」這句話，其實就意味著向主張推動核能的官僚宣戰。

四月十八日的參議院預算委員會上，面對議員質詢今後的核能政策，我的答覆是：「在不能完全確定安全性的狀況下，現行的計畫不會繼續下去。」對於已經定案的核電新建／增建計畫，我也表明：「並不是已經定案，就代表要不顧一切執行。」

關於核燃料循環，我提出了議題：「在不完善的機制下，必須確實勘驗核廢料在核電廠內的保管情形。」

在四月二十五日的參議院結算委員會，面對共產黨的質詢，我更重申：「再次檢討定案的能源基本計畫，就意味著必須一切歸零，重新思考。」

## 東電的賠償責任問題

四月二十九日的眾議院預算委員會上，關於賠償問題的質詢，我的回答是：「東電當然必須負起事業主的道義責任。」

這是針對議員質詢東京電力的賠償責任，根據《核能損害賠償法》第三條，因反應爐運轉造成核能損害時，事業主應負損害賠償之責，「但其損害若是因異常巨大之天災地變或社會動亂導致者，不在此限」，這是關於東電對此次核災是否免責，我所做出的答覆。

根據條文，東電確實可以免責，但我認為東電沒有賠償責任，而國家卻要承擔一切責任，這樣也說不過去。

我主張東電應負最大責任，而政府在政治或行政上也要負適度的責任。

不過，對於主張東電應該免責的勢力來說，我的答覆似乎不是他們所預期的。

## 要求濱岡核電廠停機

五月六日，我召開記者會，向中部電力公司喊話，要求濱岡核電廠停機。這件事引發許多臆測，也出現各種謠言，但我只想說說我所看到的事實。

在前一天的五月五日，海江田經產大臣視察了濱岡核電廠，但這次視察並不是我指派的。

五月六日，海江田大臣才來向我報告他去視察了濱岡：「我認為濱岡最好停止運轉。」從海江田大臣帶著經產省的官員前往視察看來，對於停止運轉的方針，應該是經產省內部的共識。

我自己從三月底就考慮過濱岡核電廠是否應該停機的問題。專家早已指出，萬一發生地震或海嘯，濱岡核電廠很可能會釀成嚴重災害，在廢核團體之間，要求「至少廢止濱岡」的聲浪一直很大，文科省的地震調查研究中也指出危險性。

正當我思索該如何停機時，海江田經產大臣主動提出了停機的要求。「我知道您一直在考慮這件事。」聽他這麼說，我很訝異。

畢竟，經產省的立場一向十分強硬，即便遇到這次如此嚴重的事故，卻依然不肯改變「推動核電」的方針，維持核電運轉，而這位經產省大臣竟然了解我的心思。

不過，其實經產省似乎有其盤算。在核災後，各地核電廠都因定期檢查而不能重啟，他們打算以「濱岡危險性較大，所以要停機；其他核電廠都很安全，可以重啟運轉」為由，說服國人。

五月六日下午一點左右，海江田大臣來找我，要求馬上召開記者會，我請他先別急，等傍晚再好好商議。最後因為事關重大，身為首相，我決定召開記者會。經產省所準備的記者會內容，看來是要我表明「濱岡情況危急，必須停機，但其他核電廠都很安全，將重啟或繼續運轉」，但我選擇回避提及其他核電廠，並發表以下的談話：

「我在此向全國國民發表重要聲明。本日，我以首相的身分，透過海江田經濟產業大臣，向中部電力公司要求停止濱岡核電廠所有核子反應爐之運轉。此項決定完全是基於全國國民安全及安心之考量，同時也是顧慮濱岡核電廠如果發生重大事故，日本全體社會都會遭受莫大影響。

根據文部科學省的地震調查推動總部的評估，未來三十年內，東海發生芮氏規模八級地震的可能性高達八七％，情況相當危急。為因應濱岡核電廠可能遭遇的特殊狀況，必須增設足以抵抗預估之東海地震的防波堤等，確實實施中長期對策。為了國民的安全與安心，我認為在中長期對策研擬期間，除了目前因定期檢查而停機的三號機，其他運轉中的所有核子反應爐都應該立即停止。

濱岡核電廠位於活斷層之上，一直以來都有高危險的隱憂，面對先前的地震及伴隨而來的核能事故，在聽取各界對濱岡核電廠安全性的意見後，我與海江田經濟產業大臣經過深思熟慮，以首相的身分做出今天的決定。

濱岡核電廠停止運轉時，為避免中部電力公司轄區內的電力供需失衡，政府會研擬對策，盡一切可能提供支援。只要這個區域的居民以及全國國民齊心配合省電節能，我堅信一定可以一起克服電力不足的風險。我在此由衷祈求全國國民的理解與合作。」

我的這項宣言，完全與經產省重啟核電廠的計畫背道而馳。

由於我逕自召開記者會，宣布對濱岡所做出的決定，推翻了經產省的計畫，接下來經產省便不再與我商量，直接按照計畫執行九州電力公司的玄海核電廠重啟作業。為此，我與海江田大臣的關係也降至冰點。

## 能源政策的轉換

命令中部電力公司停止正在運轉的核電廠，並不是內閣的權限。因此我只能「要求停止」，但電力公司的營運畢竟需經過政府核准，我認為他們不可能拒絕這項要求。事實上，中部電力公司最終也決定將濱岡核電廠停機。

五月十日的記者會，政府宣布準備成立「核能事故調查委員會」。這個委員會的基本理念為：「脫離過去的核能行政體制，保有獨立性、公開性、包容性」。不僅在技術領域要進行驗證，制度、組織等問題也要一併檢討。五月二十四日的內閣會議上，決定設置這樣的組織。

我還在當天的記者會上提到今後的能源政策。

「關於核能，最重要還是要確保安全性。」「核能與石化燃料在過去是電力生產的兩大支柱，但是經歷過這次核災，同時也考慮到地球暖化的問題，太陽、風力、生物質（生物資源）等可再生的自然能源，都要成為我們的基幹能源之一，我們必須打造一個節能社會。」

關於能源政策的轉換，我以回答西日本新聞記者的提問作為公開宣言：「目前的能源基本計畫是以在二〇三〇年，核能占總發電量的能源比例五〇％以上，再生能源占二〇％為目標。但是發生這次的嚴重事故後，我認為必須重新討論這項能源基本計畫。」藉著記者會這個公開場合，我明確表示能源基本計畫將重頭再議。

雖然這時我還沒說出「廢核」兩個字，但實際上已經拋出廢核的議題。至少「二〇三〇年核能占總發電量五〇％」的計畫作罷，核能的使用當然會比現狀減少。

新能源計畫的制定由繼任的野田佳彥內閣承接，其推動過程需要廣集國民的意見，而這場記者會正是改革的起點。

## 來自外界的抨擊

五月六日濱岡核電廠停機之後，我開始明確表示廢核的態度，社會對我的抨擊也愈演愈烈。

第一波就是「海水注入問題」。五月二十一日，《讀賣新聞》和《產經新聞》都以「菅首相阻止海水注入，導致爐心熔毀」的標題報導，但這根本不是事實。如同我在第一章所述，我對「注水作業已經開始」這件事並不知情，更沒有做出停止的指示。事後才得知，當時人在官邸的東電武黑副社長，以電話向吉田所長指示「停止注水」，但吉田所長判斷有必要注水，便不顧長官指示繼續注水。

一號機爐心熔毀是在注水開始前的三月十一日晚間八點左右，這也是事後才查明的真相，可見報導與事實完全不符。

## 我在法國的宣示——一千萬戶住家的屋頂設置太陽能板

五月後半，逼我下台的聲浪日漸升高，整個政局瀰漫著煙硝味。在這樣的政局背景下，我在五月二十五日前往法國參加高峰會。

二十五日，在巴黎舉行的經濟合作暨發展組織（OECD）五十周年紀念儀式上，我發表了演說，表明「盡可能在二〇二〇年，讓再生能源占總發電量之比例超過至少二〇％」的目標。

具體內容是在二〇二〇年，將太陽能發電的成本降到核災爆發當年（二〇一一年）的三分之一，到二〇三〇年時減至六分之一，並推動在國內一千萬戶住家屋頂設置太陽能板。除了太陽能，也同時推動大型海上風力發電、次世代生物質燃料、地熱發電等能源開發。

此次高峰會上，各國紛紛對日本人在大震災中表現出堅忍有序的態度表示讚賞，會議在一片祥和的氣氛中結束，我於五月二十九日返國。

## 政局的變動

「扳倒菅直人」聲浪的高潮，就是六月二日所提出的「菅內閣不信任決議案」。

由於我明確表示廢核的態度，與我同屬民主黨的前代表小澤一郎主動向自民黨的前首相森喜朗表明，小澤派系的人馬將對不信任案投下贊成票。森前首相在二〇一二年七月七日接受《產經新聞》的訪談中說到，小澤帶著連署書來找他，並表示：「只要自民黨提出不信任案，我們也會支持，我們要聯合起來扳倒菅內閣，提名谷垣總裁擔任首相！」

六月二日，為了回避不信任案，我在眾議院院會前的協調會議上表態：「等到震災的各項事務達成一定程度的目標，我完成了階段性任務後，希望能把棒子交給年輕世代。」藉此請求否決不信任決議案。結果，包含前代表鳩山在內，大多數民主黨議員都對不信任案投下反對票，以多數否決了這項議案，而小澤並未出席這次投票。

關於「首相的任期」，憲法及內閣法都沒有規定，內閣不信任決議案通過表決時，只能選擇內閣總辭或解散國會。無論是選擇解散國會或是任期屆滿後的選舉，內閣都必須在總選舉後的第一次國會時總辭，重新提名內閣——憲法的規定僅此而已。因此，首相任期姑且算是與眾議院議員的任期連動。至於我自己想要擔任幾年，以本質來說，我認為首相在短期間內交替，對國家利益而言其實是存疑的。原本的慣例應是藉選舉獲勝完成政權交替，首相持續在任四年，但我之所以提出「達到目標後，由年輕世代繼續承接責任」，是因為在必須避免民主黨分裂的情勢下，我判斷不可能堅守崗位到任期屆滿。

六月二日的記者會上被問到下台時機，我的回答是：「等震災的復興及核災救援告一段落後。」

## 決心促成《再生能源特別法》

我在任內最希望能實現的重要法案，還有再生能源特別法案。

利用可再生的自然能源發電，並立法規定電力事業有義務在一定期間內，以固定價格收購電力，藉此加速自然能源的普及，最終就可以走向廢核。這項法案恰好就在三月十一日地震發生前的內閣會議拍板，向國會提出。

二〇一〇年秋天，我請交情長達三十年的記者好友——下村健一擔任內閣府審議官，負責文宣事務。我依照他的提議，在首相官邸的官網中開設了我自己的部落格。從六月六日開始，我便陸續寫到能源問題。第一次的內容是這樣的：

〈我與風力發電〉

政府在這次國會提出了邁向「下一個時代」的重大法案，這其實要回溯到三十多年前。

一九八〇年，我初次當選國會議員，在歲末赴美國參訪多處市民團體。行程中也拜訪了對幾十種風力進行發電測試的風力測試中心（丹佛市郊外）。

當我問道：「被生產出來的電力要怎麼利用？」他們回答：「會從送電線逆送出去，賣給電力公司。」如此一來，在自家不用電的時候，依然能夠有效應用這些電力。我回國後便立刻想在日本推廣，無奈卻因限制電力公司收購的《電氣事業法》而受到阻礙。

當時日本國內的科學技術廳已開始進行風力發電的測試專案，名為「風托邦計畫」，我也在國會表示支持的立場。我還遠赴三宅島參訪了東電所設置的兩座大型風力發電機，沒想到最後竟是以「不敷成本」作結論，草草結束計畫。

自我初次當選國會議員以來，這三十多年，風力或太陽能發電都被電力公司當成旁門左道，縱有優良的技術，卻無法進行正式的開發，嚴重落後於歐美各國。我真心希望能藉著這次核災的契機，將能源基本計畫全部歸零，重新評估，發展風力或太陽能發電等自然能源，作為「下一個時代」的基幹能源。

這個目標要向前邁一大步，必須要有「以固定價格收購自然能源發電的電力」制度。如果能建立這個制度，就能突破我在菜鳥議員時代所遭遇的法律阻礙。而這個以固定價格收購制度的法案，終於在內閣會議拍板決定，恰好是二〇一一年三月十一日。然而，這天竟然發生大地震。

由於地震的緣故，日程稍有延遲，不過這個法案已經向國會提出。如果能夠順利成立，盡早設定符合成本水準的價格，風力及太陽能發電，一定能在短期間普及。

結果，《再生能源特別法》終於在二〇一一年八月二十六日通過，我完成了在內閣的最後一項任務。我在國會裡故意用挑釁的口吻說：「我知道國會裡有人不想見到我，如果希望我趕快下台，就盡早通過《再生能源特別法》，這樣至少能達成一定的目標。」後來這段談話因為電視新聞的報導而眾所皆知。

## 恢復笑容的公開會議

濱岡核電廠停機後，不少人支持我推動廢核，而在達成了「通過再生能源法案」這項具體目標後，廢核運動的發展也可說是水到渠成。

六月七日，由國家戰略室主持的新成長戰略實現會議上，「能源與環境策略的革新」成為第九次會議的議題。

以社會運動的角度而言，「廢核」這項口號本身就極富意義，但一旦成為政府的政策，就必須對能源策略進行整體考量，否則只是紙上畫大餅。我在會議開頭談到：「這個國家在追求經濟向上發展的同時，還要思考該如何轉型，才能實現新能源的典範轉移，我希望這些都能夠一起連動。」

要實現廢核，就一定要找到替代核能的能源。

六月十二日星期日，我在官邸舉辦了與自然能源相關的「首相及社會賢達的公開懇談會」。這場會議透過網路直播，由擔任內閣官房顧問的多摩大學教授田坂廣志主持。軟體銀行的孫正義社長、日本足球國家代表隊教練岡田武史、環境記者枝廣純子、提倡環保的非營利組織ap bank代表理事小林武史，以及從紐約連線的音樂家坂本龍一也一同參與，是場很有意義的會議。

我在會議開場致詞時說到：「過去一直以石化燃料及核能為兩大支柱，現在要再加入自然能源、可再生的自然能源為另一支柱，還有節能運動。培育這兩種能源，對日本的發展至關重要，當然，對日本社會也非常重要。（中略）我的立場是，政府要制定方向，希望二〇二〇年代初期讓自然能源盡早達到占發電量二〇%的目標。」

會議中，關於自然能源的討論，我有兩個立場。大多數發言都是以「國政最高責任者」的立場，其中也穿插「個人」立場的意見。或許正因為如此，氣氛比平常的會議更自然，也得到許多善意的回應。

震災與核災發生以來，很少有可以歡笑的場合。核電廠總算渡過最險惡的危機，卻還有嚴峻的政局等待處理。對我來說，這場公開懇談會聚集了與政局無關的各界人士，討論我最感興趣的科學話題，真的好久沒有這樣開心的時刻了。當我提出「能夠解救地球的其實是植物」的主張，還被擔任司儀的藤澤久美女士揶揄了一番。

透過公開懇談會，我深深感受到「促進自然能源普及」這個巨大浪潮。過去我也曾聽過一些零星的活動，而現在我感覺這些「點」正逐漸擴大成「面」。因為核災的發生，每個國民都開始思考「自己該做些什麼」。

公開懇談會隔周又舉辦一次，這次是「首相與國民的公開對話」，我在十二日這天進行會議時，回答推特上的問題，與集結在全國各地會場參與視訊的人民團體交換意見。這次我的開場致詞是：「首相的立場當然極為重要，必須為每一句話負責，但與此同時，我也想表達自己的想法及看法。」

在這個時候，國家戰略室已經設置「能源暨環境會議」，過去長期委任經產省的能源政策，轉變成環境省及農林水產省等所有省廳（部會）都涉及的政策，在六月二十二日舉行第一次會議。

這項行政改革對邁向廢核有著極重大的意義。

## 發布《復興基本法》

六月二十五日的東日本大震災復興構想會議，五百旗頭真議長交給我一份以「給復興的建言：悲慘中的希望」為題的提議書。復興構想會議在四月十四日舉行第一次會議，這次是第十二次。

我在會議中說到：「關於經濟的問題，社會的樣貌、溝通的方式，還有核災的問題，針對這些大課題所提出寶貴建言，足以流傳後世。今後，我將盡力使這些建言在復興的道路上做最大發揮。現在我們已經發布《復興基本法》，在已公布的日程中，下周將正式成立復興對策總部，並根據這些建言擬定方針。」

《復興基本法》於六月二十日正式上路。

隨著《復興基本法》的通過，內閣得以新設置一名復興大臣。期待已久的閣員增設，終於藉著這次機會，增加了一名。我將復興大臣的重任託付給自大震災發生以來，為受災地的復興投注心血的松本龍防災大臣。松本大臣雖然不久後便因對受災地的發言失當而辭職，但大震災發生以來，身為防災大臣的他，確實承擔了許多責任。他坐鎮官邸地下的危機管理中心臨陣指揮，廢寢忘食。

松本大臣也多次探訪受災地，傾聽當地人民的心聲。今後我們也要堅守崗位，繼續支援福島等受災地。

## 核災擔當大臣誕生

六月二十六日，委任松本復興大臣的同時，我還任命細野輔佐官為核災擔當大臣。

在這個時期升任細野輔佐官為大臣，是為了擬定對核電行政體系重新評估的步驟。關於保安院與經產省的切割，也是獲得海江田大臣的同意，為落實行政，我才會考慮要設置擔當大臣。至於適任人選，除了從三月就擔任政府東電統合應變指揮中心事務局長，負責核災相關事務的細野輔佐官，不作第二人想。

在此之前，內閣中只有推動核能發電的經產省設有大臣接班人，根據這項人事規定，可以設置擁有權限的大臣。在霞關官僚界的認知裡，一般官員對首相的輔佐官沒有報告義務。但一旦成為大臣，相關領域的官員就有報告的義務。細野輔佐官升任為大臣，在閣內，也就是政府內部的制衡關係才能成立。讓細野大臣為核電改革把關，才能進入解構勾結關係的第二階段。

在公布這項人事異動的記者會上，我首次提出了成立第二次預算修正、《再生能源促進法》，以及《公債特例法》，作為我的下台條件。

## 玄海核電廠的重啟問題

在成功停止濱岡核電廠運轉後，經產省未向我說明，竟逕自準備重啟玄海核電廠的手續。他們似乎認為比較容易取得玄海核電廠所在地自治體的理解。

海江田大臣在訪問過所在地佐賀縣的自治體後，我才從媒體上得知古川康縣知事曾表示：「希望能聽聽首相的見解。」我認為判斷的基準就是必須能充分確認安全性。
我問海江田大臣：「關於安全性，你們已經聽過核能安全委員會的意見，並充分查證了嗎？」海江田大臣問過身邊的幕僚後，回答道：「根據現行法規，只需要保安院判斷便可以重啟，沒有聽過核能安全委員會的意見。」
我對他說：「即便三一一之前的法律是這樣規定，光憑未能防止福島核災的保安院判斷就決定，絕對無法取信於民。」我指示核能安全委員會必須介入，並討論引進壓力測試。
國際原子能總署在六月二十一日核能相關內閣會議的分科會上，同意各會員國執行天野事務局長所提案的「全核電廠安全調查」，即假定大規模天然災害等最惡劣狀況下的「壓力測試」。這個分科會也進行了福島核災的暫定評估。海江田大臣出席了這個會議。
根據國際原子能總署這次的會議，我指示海江田大臣，以及細野大臣、枝野長官必須取得國民的理解，在法規正式修訂前，制定臨時規定，作為重啟核電廠的具體方法。
這個問題的關鍵點在於，除了壓力測試，還必須由核能安全委員會參與核電廠重啟的判斷，以及地方自治體的同意，最終還有經產大臣、核能擔當大臣、官房長官、以及首相四人的判斷來決定。

七月上旬，發生「造假電郵」事件：為重啟玄海核電廠的二號、三號機，經產省主辦了「佐賀縣民說明會」，九州電力公司上級指示相關公司之員工以電子郵件投書表示支持重啟運轉。這件事的曝光，導致玄海核電廠的重啟更加困難。

## 壓力測試

關於壓力測試，我在官邸官網的部落格裡是這麼寫的：

這次各地核電廠引進的壓力測試，昨天內閣對此做出統一見解。我指示必須制定全國國民都理解的規則，而且已經歸納出一個方向。這絕不是臨時起意，而是以安全與安心為出發點，並逐步探尋所得出的結論。

核能安全保安院設置於經產省之下，「推動」及「把關」由同一個單位負責，這樣的矛盾必須盡早解決。國際原子能總署也早在報告書中言明此事，不是現在才借題發揮。如此想來，各地核電廠的重啟判斷等，當然不能由現行的保安院單獨決策。即便是現行法規，我們也要面對現實，讓獨立機關核能安全委員會參與，即是這次決策的基調。與這項決策同時進行的便是重新審視問題的根源——核能規範行政的「形式」，而這也已經進入討論階段。

另一方面，政府必須為當前的電力供給負責，保障國民的「安心」。因此，我也指示相關部會近期內針對企業自主發電的進一步應用、省電節能對策等電力供給的確保對策提出具體方針。

重新審視過去的能源計畫，以引進再生能源及促進節能作為中長期計畫，逐步擺脫對核能發電的依賴——這個明確的「決心」，能否在每天的進程中逐漸成形，我今天也會竭盡所能努力。

## 廢核宣言

七月十三日的記者會，我以現任首相的身分表明「邁向廢核社會」的決心。以下引述記者會上關於這部分的談話：

「關於核電廠及能源政策，我想明確說出自己的想法。

三月十一日核災之前，我一直主張核電廠安全性的確認與應用可以同時進行，也以這樣的立場在思考政策。但是三月十一日的核災，才讓我真正體會到這種風險的規模，方圓十公里、二十公里內的居民都要被迫避難。狀況更糟時甚至會牽涉到更廣的範圍。目前雖然還能按步驟逐一平息事故，但最終的廢爐，可能需要五年、十年，甚至更長時間，想到這次核災的風險之大，過去我們所認知的安全保障已不足以應付，技術層面的缺憾令我感到沉痛。

從這次的經驗，我認為日本的核能政策應該要走向不依賴核電。我們要有計畫、階段性地減低核電依賴度，並在未來實現沒有核能也可以正常運作的社會。這就是我們國家要努力的方向。

但另一方面，供給國民的生活和產業所需電力，政府也責無旁貸。我們需要全體國民以及企業的理解與配合，例如在夏季尖峰時間節約用電，或是引進自主發電，這些應該都足以應付。關於這一點，我已指示相關幕僚要提出具體的電力供給計畫案。

先前我對濱岡核電廠停機的要求，或是指示引進壓力測試，都是基於保障全體國民安心及安全的立場。特別是應該確保安全性的保安院，卻設置於傾向推動核能的經產省內，這個問題我已經在對國際原子能總署提出的報告書中主張分割之必要，並與經產大臣等相關部會取得共識。

由於我沒有即時下達指示，造成許多不便，在此謹向所有相關人員致歉。

以上是我對核電廠以及核能相關問題的基本看法，今後我也將依循這個想法，徹底改革現行的核電行政體系，積極努力尋求新的再生能源及節能方法。我希望能夠貫徹這個想法，努力推動。」

有人問到我在記者會上的發言是否表示政府全體贊成「廢核」，我對外一律回答「是我個人的想法」。

這的確不是內閣會議決定的事，也沒有與所有部會協調。但我認為身為國家的高層，應該先清楚表明大方向，所以是「個人的想法」。而政府已經以廢核的方針在運作。

## 降低核電依賴的決心

七月十三日「廢核宣言」記者會兩周後，二十九日內閣會議的「能源環境會議」決定了內閣「降低核電依賴度」的方針。

關於為實現脫離核電依賴的策略，不僅需要與專家討論，也必須以國民的意見為依歸。

在會議最後，我向大家說：

「今天政府終於啟動能源及環境戰略的改革。我們還要繼續討論，大約花一年的時間畫出最終藍圖，以這期間內的歸納整理為基礎，我衷心期許大家能夠積極努力，依循內閣、政府定出的方向繼續延伸下去。」

這天會議中的一切決定，都在我辭職後，由野田內閣承接，全國國民展開討論，一年後的二〇一二年九月，終於擬定了基本方針：「為達成二〇三〇年核電廠零運轉的目標，將制定實際政策並投入資源。」

## 另一個課題——社會保障與稅制的整體改革

自我就任首相以來，最大的心願就是完成「社會保障與稅制的整體改革」這個政治課題。

社會快速高齡化，醫療、年金、長照等，照顧高齡者福利上的國庫支出每年增加一兆日圓。而近十年來所增加的支出，全都是靠發行國債，也就是借錢來填補。

長期掌握政權的自民黨想必更清楚，自民黨在小泉純一郎內閣聲望極高的時期，對這個問題也是一直抱持拖延的態度。我在鳩山政權時期擔任財務大臣，當時正發生希臘債務危機，日本的國債幾乎都是在國內消化，但這並不代表可以安心。如果市場感覺日本國債有風險，利息可能就會飆漲。

這樣的危機意識讓我在就任首相後，藉著參議院的選舉，提出消費稅增稅的議題，並且表示願意參考自民黨所拋出的具體稅率一〇%政策。無奈參議院選舉結果並不理想，許多同伴都失去席位，令我相當自責。這次選舉結果形成參眾對峙的局面，國會運作困難重重，我深感責任重大。

然而，社會保障與稅制的整體改革無關朝野對立。

我希望這項改革能夠以不泛政治化的方式來進行。與謝野馨議員曾在自民黨時代擔任財政改革研究會會長，負責消費增稅等財政重建案，也曾是新黨「奮起日本」的聯合黨代表，之後成為無黨籍議員。二〇一一年一月的內閣改造，我邀請與謝野議員入閣任社會保障與稅制整體改革擔當大臣。

與謝野大臣以無黨籍身分成為民主黨與國民新黨聯合政權的大臣，為社會保障與稅制整體改革貢獻心力。在我將大部分時間分配給震災重建的期間，與謝野大臣全心投入社會保障與稅制整體改革事務，六月三十日的政府暨執政黨社會保障改革討論總部大會上，「社會保障與稅制整體改革成案」與「社會保障及納稅人識別號碼大綱」終於拍板。之後的野田政權也繼續承接這項改革。

## 面對下台

八月，是思考「核」的季節。我分別出席了六日在廣島及九日在長崎的慰靈式與和平祈禱會。我在廣島的儀式上談到核災（在長崎也發表了同樣內容的演說）：

「關於我國的能源政策，目前已經歸零重新檢討。我為過去的核電『安全神話』深深反省，除了要徹底驗證事故原因及確保安全性的根本對策，我們還要降低對核電的依賴，打造『不依賴核電的社會』。

這次核災，是給人類一次新的教訓，將學習到的經驗傳遞到全世界，以及未來的世世代代，我們責無旁貸。」

八月十五日，內閣會議決定將核能安全保安院的核能安全規範部門與經產省分割，另設置核能安全廳作為環境省的附屬機關，統合核安規範相關業務。八月二十六日，成立《公債特例法》及《再生能源特別法》。而第二次預算修正案也已經通過，我在這三項法案都成立後，宣布辭去民主黨代表。

## 最後的談話

記者會上的談話，基本上都是我自己擬稿，不會假手於幕僚。尤其是八月二十六日首相辭職的最後談話，是在官邸與多位支持我的政治家及政治任命官員一同討論，加上我的肺腑之言所寫成。希望大家能讀一讀。

「政權啟動之後，參議院選舉的挫敗，使國會形成對峙的狀態。而在黨內，去年九月的黨代表選舉，我雖然獲得全國黨員的多數支持而連任，但艱難的環境仍舊持續。在這當中，民生必需的政策是無論如何都必須推動的，抱持這個信念的一年三個月期間，菅內閣傾全力處理國內外各項課題。

在即將下台的此時，我最真實的感想是，在這樣艱難的環境中，我已盡我所能。大震災後的復興、核災處理告一段落、社會保障與稅制整體改革等內閣事務有確實的進展。或許我太樂觀，但在嚴苛的條件下，對這個內閣，我很有成就感。

我並非出身於政治世家，社會運動起家的我承擔首相的重責，該做的我都能做到，要歸功於全體國民的支持，尤其是不求利益回報的所有地方人士，我由衷感謝。

就任首相時，我曾經說要打造「最小不幸的社會」，因為我認為無論在哪個時代，政治的目標都應該是將國家國民的不幸減至最少。在經濟方面，我盡力確保就業。人一旦失去工作，不僅是經濟上發生困難，也會失去容身之處。這是不幸的最大因素之一。

我主導的新成長戰略之所以能創造許多就業機會，也正是因為重視這樣的理念，另外還設置各種特別小組，專門研究過去被忽略的課題，例如硫磺島的遺骨歸還、罕見疾病及病毒對策、自殺及孤立預防等，我們都一一討論。

經歷過三月十一日的大震災與核災，使我對實現最少不幸社會有了更堅定的信念。日本是世界少數的地震列島，卻有多座核能發電廠，這次經驗讓我們體會到一旦發生事故，就可能危及整個國家國民，甚至國家毀滅。身為首相，能力不足、準備不足使我感到痛心，福島核災不能防範於未然，導致許多人飽受災難之苦。我接收到全體國民，特別是有幼兒家庭極為擔憂的心聲。直到最後一天，我仍致力於處理這個問題。

回想起震災剛發生的那一個星期，我們在官邸不眠不休指揮救災，又發生多座反應爐毀損，引發氫爆。

該如何控制核電廠災害繼續擴大，我們每天都戰戰兢兢，如履薄冰。核災一旦擴大，大範圍避難與長期影響將無法避免。面對國家存亡的風險，我得出的結論就是，一定要打造不依賴核能發電的社會。這就是我的結論。

核災發生的背景，是所謂『核能村』的核電利益集團，象徵著對核電的規範與審查，以及行政與產業，甚至還牽涉到文化的問題。我們不只要收拾殘局，還要對核電行政及能源政策徹底重新評估，進行改革。

從核能的安全性與成本，到核廢料的處理，我們開啟了全民論壇。在辭去首相之後，我仍是那個在大震災、核災發生時肩負首相重責的政治家，我將繼續傾聽受災者的心聲，推動放射能汙染對策、核電行政的徹底改革，努力實現不依賴核能發電的社會。

大震災與核災是前所未有的苦難，我會與日本全體國民團結一心，共同度過。對震災發生後，不顧自身危險，立即投入救援、救難、因應災難的警察、消防、海上保安廳、自衛隊及災區現場的工作人員，我要致上由衷的敬佩意。

特別是自衛隊，向全國人民展現為國家、國民奉獻一切的精神，我身為指揮官，心中有無限感慨。對於所有受災居民、受災自治體的各界人士，以及熱心支援的全體國民，我在此表達由衷的敬意與謝意。

大震災中，日本國民表現出互助互讓的精神，令全世界讚嘆。許多國家也紛紛響應物資與精神的援助。我們一定會從震災中復興，回報全世界。

大震災時，美國政府的友誼行動（the Operation Tomodachi）具體證明了美日聯盟的重要性。從安全保障的觀點，全球現在正處於不安定的狀況。我國必須以美日聯盟為主軸維持外交，保護全球與日本的安全。五月在日本舉辦的日中韓高峰會，我們請兩國元首參訪受災地，共同體認災害與困難發生時，國與國互助的重要性。

目前，全世界國家都面臨財政危機。在就任首相後，參議院選舉時，我提出消費稅的議題，以爭取社會保障的必要財源。經過重重討論，今年六月，社會保障與稅制整體改革終於成案。

確保社會保障與財政永續，是任何政權都不能回避的課題，也是實現最小不幸社會的基盤。放眼世界各國，這個問題的確刻不容緩。雖然艱難，但我衷心期盼全體國民的理解及朝野各黨的通力合作，實現這個理想。

對於我在任期間的活動與政績，相信後世自有公評。我現在只關心該如何以現有的條件推動眼前的課題，僅此而已。

許多詞不達意的談話，不能將我的想法充分傳達給全國人民，還有國會對峙的局面，造成各種阻礙，我覺得非常抱歉。但即便如此，我仍勇於承擔社會褒貶不一的艱難課題。身為戰後嬰兒潮的一員，我堅持不能留下殘局讓未來世代來收拾，這個信念就是最大的動力。

針對難以永續經營的財政、社會保障制度，以及急需讓年輕人加入的農業改革、大震災後的能源供需等問題，在交棒給年輕世代之前，必須先推動適切的政策，這是我們這一代的責任。我衷心希望，至少這個理念可以讓未來擔負重責的各位傳承。謹以以上做為我的卸任感言，謝謝大家。」

## 放心不下的事

最後的談話中提到，卸任之後，我最放心不下的就是地震、海嘯，以及核災的受災者。在大震災發生過後，直到執筆寫下本書的當下，仍有許多受災者艱難地生活著。各種大小事的長期支援必須繼續下去。

因福島核災而被迫避難的人們，儘管家園無損，卻不知何時才能回去的無奈，精神上承受莫大的壓力。我們必須徹底支援他們重建新生活。

第三章

# 廢核下的政治與公民

## 龐大課題

二〇一一年九月二日，野田內閣正式啟動。

但是，在我任內發生的大震災與福島核電廠事故所引發的災害仍然持續。今後要怎麼處理核電廠，能源政策要怎麼推動，還有很多龐大的課題。要走向廢核，就必須增加取代核能發電的再生自然能源。所幸我在首相任內設立的固定價格收購制度（ＦＩＴ）這個最大條件已經準備好了，而接下來如何推動也是重要的課題。

我決定專注於廢核及自然能源問題，繼續政治活動。

## 自然能源考察

卸任之後，因為福島核電廠事故的契機，我造訪了已經走向「廢核」的德國、利用發送電分離擴大自然能源的西班牙、利用風力提供地區暖氣等熱能源的丹麥，以及部分地區實行廢核的美國加州沙加緬度市。

德國在二〇〇〇年社民黨與綠黨的聯合政權時，雖一度決定二〇二二年之前要實現廢核，但後來保守派的梅克爾政權將廢核期限延後至二〇三六年。原本是物理學家的梅克爾首相，看到連日本這樣科技先進的國家都會發生重大核電廠事故，便在幾個月後決定將廢核期限改回二〇二二年。德國的這項決定，是自一九八六年車諾比核災發生以來，經過長年的全民討論而決定，包含經濟界、勞動界，我所拜訪的相關人士都非常認同這個決定，也獲得全國人民的同意，令我印象深刻。

西班牙位於歐洲的西部，利用風力與太陽能發電的比例相當高。藉著發送電分離，送電公司只有一家，與發電公司分別獨立，全國利用自然能源發電的變化，全部由一處控制中心控管。

丹麥曾在石油危機時，興起反對政府建設核電廠的運動，經過全民討論，最後選擇成為無核國家。以風力為中心，廣泛利用自然能源，造就了維斯塔斯（Vestas）這家全球數一數二的風力發電大廠。

美國加州的沙加緬度公用事業局根據一九八九年六月公民投票結果，將蘭喬賽可核電廠除役後，利用節能等進行能源綠化，雖曾經歷經營困難，現在已步上軌道。「需量反應」等消費者參與型的改革經驗，非常值得參考。

日前我也拜訪了國內的自然能源及節能相關企業，還有風力、太陽能、生物質發電等多處設施，聽取專家的說明。

首相卸任後，我花了一年的時間，專心研究自然能源與節能的可能性。我堅信沒有核電廠，我們國家也能充分提供所需的電力。

## 經濟界的核電必要論

儘管「廢核」的聲浪日益升高，經濟界等團體仍強烈主張核電必要論。我們也曾經看過媒體報導經濟界的意見領袖發表「不可能零核電」言論，不禁令人質疑，這應該是相信核電安全神話——「不會發生重大核災」，才會有的發言，否則怎麼能假裝福島核災從沒發生過似地說出這種話。

財經界人士說：「核電廠不啟動，日本經濟會衰退。」這些人知道如果福島核災造成三千萬人必須被迫離開首都圈去避難，會如何重挫日本經濟嗎？到時候，日本一定是一片大混亂，影響波及經濟、社會、甚至國際地位，國家將陷入存亡危機。這次是千鈞一髮，我們僥倖躲過最糟的局面，現在誰都不敢說絕對不會再發生一樣的核災。

福島核災就是國家存亡的危機，我們日本人一定要有共識，才能再重新出發。任何忘記或忽視這則教訓的言論，都是在「逃避現實」。

## 思考核電真正的成本

這次的核災暴露出一個問題：核電事業只憑一家民間企業，根本無法負起完全責任，這也意味著「核能發電成本比較便宜」的理論基礎已經瓦解。

全世界的核電廠建設成本都在上漲，特別是有關安全性方面，要求更嚴格標準的聲浪高漲，成本自然升高。

這次核災的損害嚴重到什麼程度呢？有人失去家園和工作、被迫與家人分散、數萬人的人生被打亂，這些損害都不是金錢可以衡量，而國家戰略室成本驗證委員會試算的結果，損失至少五兆八三一八億日圓，其中包含東電的廢爐費用一・二兆日圓、東電的短期性損害賠償費用二・六兆日圓、東電第一年度的賠償費用一兆日圓（第二年度之後每年〇．九兆日圓），加上去除汙染的費用，成本驗證委員會修正試算後，得到至少五兆八三一八日圓這個數字，大約六兆日圓。以一座核電廠四十年的發電量來除，就是〇．六日圓／千瓦時，這是驗證委員會試算出價格上升的下限。

但是，如果發生最糟的局面，情況又會如何呢？

福島核災的避難人數約有十六萬人，如果連首都圈都成為避難區域，首都圈就會有三千萬人要避難。單純以人口比例來計算，是福島的二百倍，高達一二〇〇兆日圓的損害。根據這個數字可以算出核電的電力將上漲為一二〇日圓／千瓦時。相較於火力的發電成本十二日圓／千瓦時，核能發電的成本是非常高的。

核電的安全神話瓦解，核電比較便宜的神話也同樣瓦解。

## 後端束手無策

當然，日本自福島核電廠事故以來，便積極對核能發電的成本重新評估。

然而，許多言論強調如果核電廠停機，會造成天然氣等石化燃料的成本上漲，勢必要調漲電費。而核電廠繼續運轉，又會產生核廢料，裡面包含鈽等自然界本不存在的危險物質。

對於核廢料的中間貯存、再處理、放射性廢棄物的處理與最終處置，這些稱為後端（Backend）的部分，我們都還沒找到根本解決的方法。

日本對核廢料循環的想法是，將核電廠使用過的核燃料經過再處理產生鈽，然後用作快中子增殖反應爐的燃料，再次發電。

燃燒鈽又會產生新的鈽，稱為「增殖」，又稱為貧鈾，是將一般不能用作核電廠燃料的鈾同位素，捕獲中子，以轉變為鈽的技術。

從以前不能用作燃料的貧鈾產生出鈽的技術，許多國家都嘗試開發，但還沒有任何國家實際應用。日本也曾因為冷卻劑液態鈉外洩事故而停機。再處理和快中子增殖反應爐在技術上、社會上的問題都懸而未決，實際上還不可行。

另一方面，核電廠周邊的核廢料池幾乎飽和，啟動核電廠固然能改善電力公司的收支，但核廢料增加，處理成本也會相當可觀，還不如趁早停機，對國家經濟比較有利，這是專家的意見，我認為值得參考。

鈽的半衰期是二萬四千年，核廢料的有害度下降到天然鈾的等級，至少需要十萬年。這麼長的時間，維護管理費根本不可想像。

就算埋到地層深處，十萬年當中會發生怎樣的地殼變動，完全無法預測。

所謂比火力發電便宜的「核電成本」，其實是「電力公司的成本」，核廢料的處理費用在電力公司的成本中只占一小部分。不僅如此，由於這是以核廢料循環為前提，所以核廢料都被當成「資源」，算是公司的資產。

維持核電廠的運作需要再處理，為利用由此產生的鈽，就必須開發快中子增殖反應爐，快中子增殖反應爐沒有進展，便需要含鈽ＭＯＸ反應爐，核能村（核電利益集團）為此又引進危險性更高、加工費更昂貴的ＭＯＸ燃料。

他們打著維持核電廠的名義，不斷投入巨額資金，早已超過經濟原理了。

## 電力公司無力清償債務問題

關於核電重啟問題，大家所關注的焦點是①安全性的確認是否充分，②電力是否不足。但事實上，推動重啟的背景還有另外一個更大的論點。

那就是③如果決定不重啟，直接除役，電力公司將無力清償貸款，很可能因此破產的問題。換言之，只要運轉就有資產價值的核電廠，一旦廢爐，就變得毫無價值，電力公司恐怕無法償還債務。這就必須檢討電力公司的經營問題，有些意見比較情緒化，例如「解散電力公司」「讓它倒閉」，但這種論調不能解決問題。

核電廠的經營問題，是電力公司的當務之急，對國家也是至關重要。記得日本航空破產時，一方面依循法律的破產手續處理債務、裁員等，同時仍維持正常航運。現在面臨電力改革，我們也要避免擁有核電廠的電力公司突然破產。

核災發生後，馬上要處理善後作業及對受害者的賠償，這些必須由當事人——東電來主導。但核災發生迄今已有一段時日，我們要思考核能事業的未來，隨著發送電分離的實施，應該將核電部門從東電分割。

東電力以外的電力公司也一樣，遇到這種核災事故，若無法完全負責，就應該檢討分割核電部門。我希望各家電力公司的經營者能夠嚴肅考慮。

核電重啟問題與電力公司的經營問題息息相關，必須給全體國民一個明白的交代。

現實中，要將所有核電廠除役，就要介入電力公司的經營問題。關於核電廠的未來，除了反應爐的安全性，我們還要一併思考後端問題、電力公司的經營問題。

## 加入再生能源市場的產業激增

經濟界過去顧慮電力事業，不敢高調主張廢核或再生能源，但現在社會氛圍已稍有改變，願意投入再生能源相關事業的企業迅速增加了。

有許多企業早已進攻再生能源領域，只要有利潤，企業就會認真研究。無論是太陽能發電或是風力發電，日本的電器大廠都有領先世界的技術，但過去國家政策總是以核能發電為優先，導致這些技術無用武之地，不過，今後就有機會發揮了。起步雖然落後，但相信很快就能迎頭趕上。

再生能源的投資大多是對應國內需求，也可以擴大就業機會。而且，再生能源不像石油或天然氣必須仰賴國外進口。

## 節能省電也是成長領域

「節能省電」也是成長領域。說起節能省電，可能有人馬上想到「就是忍耐不開空調」，其實不只如此。省電固然重要，使用電力消耗小的產品，也是節能的一種。LED燈泡就是其中代表。

工廠若嫌國內成本太高，可以轉移到國外，但諸如鐵路公司，就只能在國內拓展事業。因此，鐵路公司開發電力消耗小的列車，就很有實用性。百貨公司或便利商店這些流通業可以將店內的照明或空調、冷藏設備等，改用耗電量小的產品。當然，家庭也是一樣。

也有許多經濟界人士明白這個道理，低調地將核能發電轉換成再生能源。在福島縣近海的浮體式風力發電計畫以及智慧電網等領域，日立、東芝、三菱重工等過去以核電廠建設為中心的企業也紛紛加入。

政府積極推動「廢核」和能源政策轉換，鼓勵再生能源、節能省電、石化燃料綠化等技術開發。這個領域的產業就會蓬勃發展。

這些將成為日本成長戰略的樞紐。

## 解構核電利益集團，是改革的第一步

冷靜想想，後端的問題，在三一一核災發生前，早已是個解不開的結，這次的福島核災讓我們清楚地看到答案。

將核能轉換成可再生的自然能源是必然的選擇。而我們為什麼寧願在核電廠廠房蓋一座撐不了多久的燃料池，就只是為了使用核能發電呢？

這其中存在著一個龐大的既得利益集團——核能村。五月二十八日，我在國會的事故調查委員會公聽會最後發表談話：

二戰前，軍方逐漸掌握政治實權的經過，與現在以電力事業聯合會為核心所形成的核能村，我覺得非常相似。換句話說，四十年來，以東京電力與電力事業聯合會為中心的勢力，逐步掌握了核電行政的實權。對於批評集團方針的專家或政治家、官員，都會依組織的遊戲規則遭到排擠。

而許多相關人士選擇消極地袖手旁觀，不願牽涉其中。我自己也深深地反省。

現在，核能村對這次核災仍然沒有任何反省，還想要繼續掌握核電行政的實權。核能村宛如戰前的軍方，核電行政從根本改革的第一步，就是要對這個組織的結構與社會心理進行解析，進而解構。

## 野田政權的核能政策

我卸下首相職務後，野田政權傾全力實現社會保障與稅制整體改革。其間關於新的核電規範組織及能源基本計畫的重新評估、核電廠重啟問題等，在閣內由枝野經產大臣、細野環境兼核電擔當大臣、谷川元久國家戰略大臣主導進行。

首先由細野大臣帶領進行核電規範委員會的設立，以取代經產省的核能安全保安院，在環境省中設置獨立性高的核電規範委員會法案成立，野田首相提名委員，並於九月十九日啟動。

自去年十月，經產省的審議會、綜合資源能源調查會開始討論未來的能源相關議題。最後針對二〇三〇年總發電量之核電比例提出三個選項，分別是〇%、一五%、以及二〇至二五%。接著是國家戰略室的能源暨環境會議，以此三個選項徵詢國民的意見，調查結果顯示大多數國民支持〇%。

## 黨與內閣的能源環境會議

野田政權爭取在定期國會的能源暨環境會議上總結「革新能源環境戰略」。在此之前，八月二十四日，民主黨內推派政調會長前原誠司為會長，設置能源環境調查會，我也以顧問身分參與。大家連日進行熱烈的討論。

會議上，我分享了卸任後去許多地方考察以及與專家討論的心得。政府官員總是強調廢核會造成電力成本上漲等缺點，但在參訪過青森六個村落的再處理設施，以及福井的文殊快中子反應爐，我認為啟動核電產生核廢料的成本無法計算，遲早會拖垮整個國家的經濟。最後，民主黨的能源環境調查會在九月六日拍板決定「為實現二〇三〇年代核電零運轉，將制定實際政策並投入資源」。這次的最大成果就是清楚說出期限及核電零運轉這兩個目標，而我暗自許諾將努力提前在二〇二五年之前實現廢核。

野田政權受到民主黨的鼓舞，在九月十四日決定「革新能源與環境戰略」。其內容如下：

首先是「邁向實現不依賴核電社會的三項原則」：

一、嚴格限定四十年運轉制。

二、唯有取得核電規範委員會安全確認的核電廠才得以重新啟動。

三、以不新設、增設核電廠為原則。

遵循以上三項原則，為二〇三〇年代實現核電零運轉投入一切政策資源，與民主黨的決定相互呼應。

## 公民的角色

在我們朝向廢核積極努力時，二〇一二年夏季前，關西電力的大飯核電廠決定重啟。經產省以「電力不足」為由，幾近恐嚇的說法，令相關閣員無法反擊，野田首相只好召開記者會宣布此事。民主黨內則有大畠章宏座長主導的能源政策，以及荒井聰座長主導的核災善後政策等，繼續討論。

我認為在討論重啟核電之前，規畫廢核的藍圖更重要。四月有近七十名民主黨國會議員集結成立了「廢核藍圖討論會」，在六月提出「最遲二〇二五年要實現零核電」議案，其內容即為《廢核基本法》的雛型。

同時期，與我們密切交流，發起千萬人連署等積極推動廢核運動的團體，成立了「支持制定《廢核基本法》」的全國網路。廢核藍圖討論會全面協助策畫《廢核基本法》，趕在定期國會最尾聲的九月七日向國會提案。

我心裡百感交集。這個夏天，每個星期五，首相官邸前都集結了許多訴求反對大飯核電廠重啟的人民。身為執政黨的一員，曾經擔任首相的我，從來沒想過會有見證這樣光景的一天。

自去年三一一以來，我對全國各地的抗議和集會了若指掌。雖然年輕時期也經歷過學生運動及公民運動等許多抗議和集會，但眼前的熱烈情況與當時截然不同。

這些人民不是過去那種反政府、反大企業，或是反美的左派分子，他們發起的社會運動同時也是發送資訊，是一種表現自我意志的活動。

他們在表達「已經不需要核電」。現在，許多人民在各地，或職場、家人朋友等團體中，熱烈討論著「不要核電」「沒有核電，電力足夠嗎？」「好像有自然再生能源」「核電的成本真的很便宜嗎？」」這些疑問。

政府的能源與環境會議在全國各地舉辦公聽會，直接傾聽國民的心聲，並且也歡迎大家以信件、傳真或網路等方法提供意見。許多國民響應政府提供建議，我們清楚知道訴求「零核電」的聲浪愈來愈高。作家大江健三郎帶頭發起的「跟核電說再見——千萬人連署」也迅速蒐集到七五一萬人的署名。我也出席了在國會舉行的「跟核電說再見——千萬人連署報告集會」，現場氣氛相當熱烈。

這是每周五官邸前抗議的延續。日前，我居中促成官邸前抗議團體代表與野田首相會談。野田首相認真聆聽意見，相信能作為日後判斷的重要參考。

## 國民的選擇

就在我執筆撰寫本書時，廢核運動仍熱烈地持續著。

野田政權在九月十四日決定的「革新能源與環境戰略」，明確表達「二〇三〇年代」「零核電」這些關鍵字，經濟團體聯合會對此強烈反彈，自民黨總裁選舉的所有候選人齊聲高喊「鼓吹零核電是不負責任的行為」。九月下旬，野田首相連任民主黨代表，自民黨則是安倍晉三贏得黨魁選舉。這一年，決定了日本核電行政今後的方向。

民主黨與野田政權清楚地表明「二〇三〇年零核電」的目標，執掌政權的政黨明言零核電具有重大意義。一年內將要舉辦國政選舉，「零核電」Yes或No，這是國民做出選擇的選舉。

要做出決定的，不是政治家，也不是經營者，而是國民自己對生存方式的選擇。每一個國民都要做好覺悟：「我們要為後世子孫留下什麼？」謹慎地投下這一票。

# 謝詞

我在首相官邸處理核災事務時，得到許多人的協助。

當時的官房長官枝野幸男、經產大臣海江田萬里、官房副長官福山哲郎、首相輔佐官加藤公一、細野豪志、辻元清美、寺田學、芝博一等五位，以及官邸全體人員堅守崗位，不眠不休。

特別是核災發生時，為掌握核電廠與燃料池每日的狀況，來自各部會的首相祕書官、參事官發揮很大的功能。我能夠迅速針對傳來的資訊做出指示，全都是仰賴他們。當時的首相祕書官（事務）山崎史郎、羽深成樹、貞森惠祐，桝田好一、前田哲、山野內勘二，首相祕書官（政務）岡本健司，內閣參事官橋本次郎、水嶋智、平川薰、鎌田光明、豐岡宏規、生川浩史，首相祕書官輔佐石田精司、梶田拓磨、宮下賢章、長谷川裕也、河野太、永山貴大、唐木啟介等，以及全體事務官、警護官，我謹在此致上感謝之意。

文宣部負責人下村健一審議官也幫我很大的忙。還有與核災相關，受邀擔任顧問的日比野靖、齊藤正樹、有富正憲、田坂廣志等各界學者，也貢獻良多。

官邸團隊真的非常賣力。如果說核災應變有什麼成果，那都是官邸團隊的功勞。

首相祕書官、參事官中，第一祕書官山崎史郎總是沉穩行事，不被我的「急躁」影響，帶領官邸團隊隨機應變。岡本祕書官二十四小時在我身邊待命，對外聯絡全都靠他。

卸下首相職務後，核災前的首相祕書官（事務）新原浩朗協助我參訪再生能源等活動。還有「自然能源研究會」的橘民義會長，我也要感謝他的大力支持。

這本書得以出版，多虧眾多人士的幫忙。感謝多年的友人中川右介繼《大臣》（暫譯）之後，再次來支援我。還有幻冬社志儀保博、相馬裕子兩位編輯，我和我太太伸子都受他們諸多關照。

最後，我要感謝我的太太伸子，感謝她代替我參加各地活動，還經常「指導」我閱讀值得參考的書籍及報導。

國家圖書館出版品預行編目（CIP）資料

核災下的首相告白 / 菅直人作 ; 林詠純, 許郁文, 蔡
昭儀譯. -- 初版. -- 臺北市 :
今周刊出版社股份有限公司, 2021.03
224面 ; 14.8×21公分. -- (焦點 ; 14)
ISBN 978-957-9054-80-5(平裝)

1.菅直人 2.元首 3.回憶錄 4.核子事故 5.日本

783.18 109021817

焦點 14

核災下的首相告白
東電福島原発事故　総理大臣として考えたこと

作　　者　菅直人
譯　　者　林詠純、許郁文、蔡昭儀
副總編輯　鍾宜君
責任編輯　李韻
行銷經理　胡弘一
資　　深
行銷副理　陳姵蒨
行銷主任　彭澤葳
封面設計　兒日設計
內文排版　菩薩蠻數位文化有限公司
校對查證　許訓彰、李志威、李韻

發 行 人　梁永煌
社　　長　謝春滿
副總經理　吳幸芳

出 版 者　今周刊出版社股份有限公司
地　　址　104台北市中山區南京東路一段96號8樓
電　　話　886-2-2581-6196
傳　　真　886-2-2531-6438
讀者專線　886-2-2581-6196轉1
劃撥帳號　19865054
戶　　名　今周刊出版社股份有限公司
網　　址　http://www.businesstoday.com.tw

總 經 銷　大和書報股份有限公司
製版印刷　緯峰印刷股份有限公司
初版一刷　2021年3月
初版四刷　2021年3月
定　　價　340元

TODEN FUKUSHIMA GENPATSU JIKO SORIDAIJIN TOSHITE KANGAETAKOTO by Naoto Kan

First published in Japan by Gentosha Publishing Inc.
This Traditional Chinese edition is published by arrangement with Gentosha Publishing Inc., Tokyo c/o Tuttle-Mori Agency, Inc., Tokyo through Keio Cultural Enterprise Co., Ltd., New Taipei City.

かん なおと